本书得到国家自然科学基金青年项目（项目编号：71903182），河南省哲学社会科学规划项目（项目编号：2019CJJ091），以及郑州大学商学院与郑州大学尤努斯社会企业中心的资助

税收凸显性、税收感知度与居民行为偏好研究

陈力朋　著

中国财经出版传媒集团

经济科学出版社
Economic Science Press

图书在版编目（CIP）数据

税收凸显性、税收感知度与居民行为偏好研究/陈力朋著 .
—北京：经济科学出版社，2019.8
ISBN 978 - 7 - 5218 - 0640 - 3

Ⅰ. ①税…　Ⅱ. ①陈…　Ⅲ. ①税收管理 - 关系 - 居民 -
行为方式 - 研究 - 中国　Ⅳ. ①F812.423②C912.68

中国版本图书馆 CIP 数据核字（2019）第 121241 号

责任编辑：白留杰　刘殿和
责任校对：杨　海
责任印制：李　鹏

税收凸显性、税收感知度与居民行为偏好研究

陈力朋　著

经济科学出版社出版、发行　新华书店经销
社址：北京市海淀区阜成路甲 28 号　邮编：100142
教材分社电话：010 - 88191355　发行部电话：010 - 88191522
网址：www. esp. com. cn
电子邮件：esp@ esp. com. cn
天猫网店：经济科学出版社旗舰店
网址：http://jjkxcbs. tmall. com
北京密兴印刷有限公司印装
710 × 1000　16 开　13.5 印张　190000 字
2019 年 9 月第 1 版　2019 年 9 月第 1 次印刷
ISBN 978 - 7 - 5218 - 0640 - 3　定价：45.00 元
（图书出现印装问题，本社负责调换。电话：010 - 88191510）
（版权所有　侵权必究　打击盗版　举报热线：010 - 88191661
QQ：2242791300　营销中心电话：010 - 88191537
电子邮箱：dbts@ esp. com. cn）

前　言

　　国外学者在以往研究税收及其社会经济效应时，通常假设个体对税收信息是完全知道的，因此，个体不仅能够完全察觉和感知真实的税负，而且能够据此作出最优的行为决策。但是，随着现代经济学理论的发展，20世纪50年代，西蒙（Simon，1955）对古典经济学的"理性经济人"假设进行了批判，并提出了"有限理性决策理论"。此外，20世纪70年代末以来，随着"前景理论"的诞生和行为经济学的发展，国外学者的研究也进一步发现，由于环境的复杂性和个体认知能力的有限性，个体并非是完全理性的，而且其偏好也并非是一成不变的。因此，在现实的社会经济生活中，由于税制结构的复杂性与居民税收认知能力的有限性，居民并不能完全察觉和理解全部税收，也不可能完全作出最优的行为决策。

　　近年来，针对纳税人"税收低估"的问题，切迪（Chetty，2009）等国外学者提出了"税收凸显性"（tax salience）理论，并基于行为经济学的视角，就税收凸显性对居民行为影响的经济与社会效应进行了一定的理论探讨和实证研究。但是，国外学者关于税收凸显性问题的现有研究主要是基于欧美发达国家的税制环境，而基于发展中国家税制环境进行的相关研究则较为少见。有鉴于此，本书立足于中国的税制环境和居民税收认知度的现状，在梳理国外相关研究文献和借鉴国外学者研究方法的基础上，探讨了税收凸显性、税收感知度对中国居民行为偏好的影响问题。

首先，以个人所得税与消费税为例，基于中国2001～2014年的省级面板数据，实证分析了税收凸显性对居民消费支出的影响。研究发现，税收凸显性对居民的消费支出存在一定的影响。个人所得税作为直接税，由于税收凸显性相对比较高，其对居民的消费支出具有显著的负效应，即随着个人所得税税负的提高，居民会显著地减少消费支出。而消费税作为间接税，由于采用价内税的税制设计，并且大部分应税消费品的消费税主要在生产环节征收，这导致中国现行消费税的税收凸显性比较低，加之当前中国居民的税收认知度和税收意识普遍偏低，因此，消费税对居民的消费支出没有显著的影响。

其次，以卷烟消费和白酒消费为例，采用情景模拟的实验法，实证分析了税收凸显性对居民消费行为倾向的影响。研究发现，消费税凸显性对居民的消费行为倾向具有显著的影响。在控制消费者的收入水平等相关因素的情况下，消费税凸显性对烟草消费者和白酒消费者的消费行为倾向均具有显著的影响，即在消费税凸显性较高的情境下，烟草消费者和白酒消费者减少卷烟和白酒消费的行为倾向会更高。此外，进一步的边际效应估计结果显示，与收入水平等其他相关变量相比，消费税凸显性对烟草消费者和白酒消费者"可能会"与"完全会"减少卷烟和白酒消费的行为倾向的边际影响更大，这表明消费税凸显性对居民的消费行为倾向具有较为重要的影响。

再次，根据政府规模"内在规模"与"外在规模"的划分，利用微观调查数据实证分析了税收感知度对居民政府规模偏好的影响。研究发现，税收感知度对居民的政府规模偏好具有显著的影响。在控制居民的收入水平、教育水平等个体特征的情况下，税收感知度对居民的政府"内在规模"偏好具有显著的影响，即居民的税收感知度越高，其对限制"政府权力规模"的偏好会越强烈。同样，在控制居民的收入水平、教育水平等个体特征的情况下，税收感知度对居民的政府"外在规模"偏好也具有显著的影响，即居民的税收感知度越高，其对限制"政府机构与公务员规模"和"行政经费开支规模"的偏好也会越强烈。

最后，以个人所得税为例，利用微观调查数据的实证研究发现，税收感知度对居民的纳税遵从度和纳税意愿均具有显著的影响。在控制收入水平、教育水平和税制复杂性等一系列因素的情况下，税收感知度对居民的纳税遵从度具有显著的正向影响，即居民的税收感知度越高，其缴纳个人所得税的遵从度也会越高。同样，在控制收入水平、教育水平和税制复杂性等一系列因素的情况下，税收感知度对居民的纳税意愿也具有显著的正向影响，即居民的税收感知度越高，其缴纳个人所得税的意愿也会越高。但是，需要特别注意的是，这一研究结论可能仅适用于中国当前特定的税制环境，随着综合与分类相结合个人所得税制改革的推进和居民纳税感知度的提高，税收感知度对居民纳税遵从度和纳税意愿的影响可能会发生变化。

陈力朋

2019 年 5 月

目　　录

第1章 绪 论

　　财政是国家治理的基础和重要支柱，科学的财税体制是优化资源配置、维护市场统一、促进社会公平、实现国家长治久安的制度保障。在当前全面深化财税体制改革，特别是推进个人所得税、房地产税和消费税改革的背景下，随着直接税比重的逐步提高，中国的税收凸显性与居民的税收感知度都将会不断提高。有鉴于此，深入探讨和研究税收凸显性、税收感知度对居民行为偏好的具体影响，可以为当前的税制改革提供经验证据与政策建议，从而提高税制改革的预期效果。

1.1　研究背景与研究意义

　　随着现代经济学理论的发展，20世纪50年代，Simon（1955）对古典经济学的"理性经济人"假设进行了批判，并提出了"有限理性决策理论"，即人的知识和能力是有限的，在进行行为决策时不可能掌握全部信息，也不可能作出完全理性的决策。20世纪70年代末以来，随着"前景理论"的诞生和行为经济学的发展，国外学者的研究也进一步发现，由于环境的复杂性和个体认知能力的有限性，个体并非是完全理性的，而且其偏好也并非是一成不变的。因此，在现实的社会经济生活中，由于税制结构的复杂性与居民税收认知能力的有限性，居民并不能完全察觉和理解全部税收，也不可能完全作出最优的行为决策。

长期以来，中国的税制结构以间接税为主体，与直接税相比，间接税的税收凸显性比较低，并且具有较高的隐蔽性，纳税人通常不易察觉。因此，整体而言，当前中国的税收凸显性和居民的税收感知度都比较低，这也是中国居民税收权利意识一直相对比较淡薄的主要原因。2015 年华中科技大学财税研究课题组进行的一项关于居民税收感知度的调查发现：在被调查的 1624 个有效样本中，27.89% 和 22.84% 的居民表示"完全不了解"和"比较不了解"自己的纳税情况，而"比较了解"和"完全了解"自己纳税情况的居民仅占 17.55% 和 4.25%。近年来，针对纳税人"税收低估"的问题，以 Chetty（2009）为代表的国外学者开始基于"税收凸显性"（税收对纳税人或税负承担者的易见程度）的视角，重新审视和研究税收对居民行为决策的影响问题。

但是，随着社会经济的发展与税制改革的不断推进和深化，近年来，中国的直接税比重在逐渐提高，以个人所得税为例，2012 年个人所得税占税收总收入的比重为 5.78%，然而，2017 年个人所得税占税收总收入的比重已经增长至 8.29%，具体如图 1-1 所示。2013 年 11 月，中共十八届三中全会审议通过的《中共中央关于全面深化改革若干重大问题的决定》中明确提出要进一步深化税收制度改革，逐步提高直接税比重，逐步建立综合与分类相结合的个人所得税制，加快房地产税的立法并适时推进改革。2014 年 6 月，中共中央审议通过的《深化财税体制改革总体方案》进一步明确了新一轮税制改革重点锁定的六大税种，具体包括个人所得税、房地产税、消费税、增值税、资源税和环境保护税。2017 年 12 月 20 日，时任财政部部长肖捷在《人民日报》撰文指出要着力完善直接税体系，建立综合与分类相结合的个人所得税制度，优化税率结构，完善税前扣除，规范和强化税基，加强税收征管，实行代扣代缴和自行申报相结合的征管制度，加快完善个人所得税征管配套措施，建立健全个人收入和财产信息系统。并按照"立法先行、充分授权、分步推进"的原则，推进房地产税立法和实施，逐步建立完善的现代房地产税制度。因此，随着"综合与分类相结合个人所得税制"改革的推进，以及住房保有环节房地产税等财产税的逐步开征，中国的税制结构将会不断得到优化，直接税的比重也将会稳步提高。但是，随着直接税比重的提高与房地产税等财产税的逐步开征，中国的税收凸显性和居民的显性税收负担都将会显著提高，同时，居民的税收感知度和税收痛苦指数也会进一步提高。

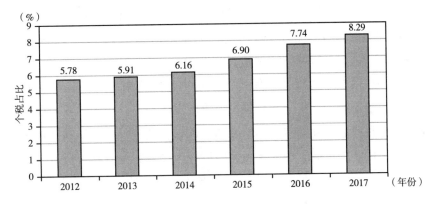

图 1－1　2012～2017 年中国个人所得税占税收总收入比重

资料来源：2013～2017 年《中国财政年鉴》与财政部国库司《2017 年财政收支情况》。

改革开放以来，随着社会经济的快速发展与居民收入水平的持续增长，中国居民的消费水平得到了极大的改善和提高，然而，随着居民收入水平和消费水平的提高，现实生活中的非理性消费行为也在持续不断地增长。税收是国家干预社会经济的重要工具，也是调节居民消费行为的有效手段。因此，为了调节居民消费结构、引导居民消费行为，国务院在 1993 年颁布了《中华人民共和国消费税暂行条例》，开始对烟、酒和化妆品等特定消费品征收消费税。但是，实践表明，长期以来，中国的消费税并没有发挥其在调节居民消费结构、引导居民消费行为和矫正负外部性方面应有的功能和作用。以烟草消费税为例，自 1994 年开征烟草消费税至今，中国的卷烟销售量一直在持续增长，从 1994 ~ 2014 年，中国的卷烟销售量约由 3028 万箱增长至 5099 万箱，与此同时，烟草消费所导致的公共卫生问题和负外部性问题也日益严重。为了有效调节烟民的烟草消费行为，降低烟民的烟草消费需求，世界各国普遍采用了征收和提高烟草税的策略来控制烟草消费。欧美等发达国家的实践表明，提高烟草税是一种以较低成本即可抑制烟草需求的有效方法。那么，为什么欧美国家的烟草税可以抑制烟草需求，而中国的烟草消费税却未能抑制烟民的烟草消费需求呢？深入探讨和解答这一重要问题，直接关系到当前消费税改革的预期成效。

在当前全面深化经济体制改革，特别是深化财税体制改革的背景下，随着税制结构的优化和直接税比重的逐步提高，中国的税收凸显性和居民的税收感知度都将会不断提高。那么，随着税收凸显性和居民税收感知度的不断提高，中国居民的经济行为决策和偏好是否会发生变化呢？关于这一重要问题，当前国内学者的研究还比较缺乏。有鉴于此，本书立足于中国税制与居民税收意识的现状，调查分析了中国居民税收认知度的现状与差异性，从行为经济学和税收凸显性的视角出发，探讨了税收凸显性对居民消费行为影响的机理，实证分析了税收凸显性对居民消费支出和消费行为倾向的影响。此外，本书还基于当前中国深化行政体制改革与直接税改革的背景，深入探讨和实证研究了税收感知度对居民政府规模偏好和纳税遵从行为的影响，以期进一步完善和补充国内关于税收凸显性对居民行为偏好影响的研究，并为中国当前的税制改革与行政体制改革提供微观层面的经验证据和政策建议。

1.2　研究思路与主要内容

1.2.1　研究思路

图1-2是本书的具体研究思路。根据"提出问题→理论分析→实证分析→对策建议"的研究思路：首先，提出了本书的主要研究问题，阐述了本书的研究背景、研究意义与主要研究方法，并对国内外的相关

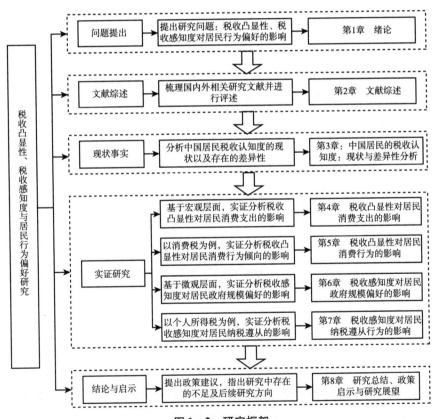

图1-2　研究框架

研究文献进行了比较系统的梳理和全面的评述。其次，基于中国当前的税制环境和居民税收意识的现状，调查分析了中国居民税收感知度的现状与差异性。再次，本书分别利用中国的省级面板数据、情景模拟的组间实验和微观调查数据，实证分析了税收凸显性对居民消费支出和消费行为倾向的影响，以及税收感知度对居民政府规模偏好和居民纳税遵从行为的影响。最后，对全书进行了总结、提出了相关的政策建议，并指出了本书研究中存在的不足以及后续的研究方向。

1.2.2 研究内容

本书基于行为经济学的视角，利用中国的省级面板数据、情景模拟的组间实验和微观调查数据，研究了税收凸显性、税收感知度对居民行为偏好的影响。全书共8章。

第1章绪论。本章主要介绍了本书的研究问题、研究背景与研究意义、研究思路与主要研究内容、研究方法与数据来源以及本书的主要创新点。

第2章文献综述。本章主要从税收凸显性的社会效应与经济效应两个方面，对国内外的相关文献进行了比较系统的梳理与评述。通过对现有研究文献进行综述，指出了现有研究中存在的不足，以及如何基于中国的税制背景开展相关研究。

第3章中国居民的税收认知度：现状与差异性分析。本章基于课题组通过问卷调查法采集的中国居民税收认知度的微观数据，从"纳税感知度""税收法律政策认知度""税负公平感知度"和"税收本质认知度"四个方面分析了中国居民税收认知度的现状，并通过分类描述统计，分析了税收认知度在不同性别、年龄、教育水平、家庭收入水平的居民之间和不同税种之间的差异。调查与分析结果发现，中国居民的"纳税感知度"、"税收法律与政策认知度"和"税收本质认知度"普遍比较低，而居民的"税负不公平感"则整体偏高。此外，税收认知度在不同性别、年龄、教育水平、家庭收入水平的居民之间和不同税种之间存在一定的差异。

第 4 章税收凸显性对居民消费支出的影响。本章利用我国 2001 ~ 2014 年的省级面板数据，以个人所得税与消费税为例，实证分析了税收凸显性对居民消费支出的影响。研究发现，个人所得税作为直接税，由于税收凸显性较高，对居民的消费支出具有显著的负效应；而消费税作为间接税，由于税收凸显性比较低，其对居民的消费支出则没有显著的影响。

第 5 章税收凸显性对居民消费行为的影响。本章基于行为经济学的视角，以卷烟和白酒消费为例，采用情景模拟的组间实验和 Ordered Probit 模型，实证分析了消费税凸显性对居民消费行为的影响。研究发现，在控制消费者的收入水平等相关因素的情况下，消费税凸显性对烟草消费者和白酒消费者的消费行为均具有显著的影响，即在消费税凸显性较高的情境下，烟草消费者和白酒消费者减少卷烟和白酒消费的行为倾向会更高。此外，进一步的边际效应估计结果显示，与收入水平等其他相关变量相比，消费税凸显性对烟草消费者和白酒消费者"可能会"与"完全会"减少卷烟和白酒消费的行为倾向的边际影响较大，这表明消费税凸显性对居民的消费行为具有较为重要的影响。

第 6 章税收感知度对居民政府规模偏好的影响。本章基于行为经济学的视角，根据政府规模"内在规模"与"外在规模"的划分，利用微观调查数据和 Ordered Probit 模型，实证分析了税收感知度对居民政府规模偏好的影响。研究发现，在控制居民的收入水平、教育水平、税收负担等个体特征的情况下，税收感知度对居民的政府"内在规模"偏好具有显著的正向影响，即居民的税收感知度越高，其对限制"政府权力规模"的偏好越强烈。此外，税收感知度对居民的政府"外在规模"偏好也具有显著的正向影响，即居民的税收感知度越高，其对限制"政府机构与公务员规模"和"行政经费开支规模"的偏好越强烈。

第 7 章税收感知度对居民纳税遵从行为的影响。本章基于中国的税制环境与居民纳税意识的现状，以个人所得税为例，利用微观调查数据和 Ordered Probit 模型，实证分析了税收感知度对居民纳税遵从度与纳税意愿的影响。研究发现，在控制收入水平、教育水平和税制复杂性等一系列因素的情况下，税收感知度对居民的纳税遵从度具有显著的正向影响，即居民的税收感知度越高，其缴纳个人所得税的遵从度也会越高。此外，研究还发现，在控制收入水平、教育水平和税制复杂性等一系列因素的情况下，税收感知度对居民的纳税意愿同样具有显著的正向影响，即居民的税收感知度越高，其缴纳个人所得税的意愿也会越高。

第 8 章研究总结、政策启示与研究展望。本章对全书的研究内容进行了总结，并根据本书的研究结论，为当前的税制改革提出了相关的政策建议。此外，还指出了本书研究中存在的不足以及后续的研究方向。

1.3　研究方法与数据来源

1.3.1　研究方法

（1）问卷调查法。为了调查分析中国居民税收认知度的现状，税收认知度在不同身份特征居民和不同税种之间的差异，以及实证分析税收感知度对居民政府规模偏好和纳税遵从行为的具体影响，本书采用了问卷调查法，以获取大样本微观数据。课题组在和相关专家充分讨论后，完成了问卷的设计工作，并进行了预调查，对预调查中存在的问题进行了修正，最后形成最终的调查问卷，并采用李克特感知量表（Likert perception scale）测量了居民的税收认知度、政府规模偏好和纳税意愿等变量。

（2）实验研究法。在当前中国消费税采用价内税的税制设计下，为了研究消费税凸显性是否对居民的消费行为存在显著影响，本书以卷烟和白酒消费为例，采用了情景模拟的组间实验设计，并通过实验问卷进行实验数据的采集。为了模拟价外征税方式下消费税凸显性较高的情境，在实验组的实验问卷中，明确告知实验参与者卷烟价格和白酒价格中包含了消费税以及具体的税负，同时，还明确说明消费税的税负是由消费者自己承担。然后，让实验参与者进行消费行为倾向的选择。但是，在控制组的实验问卷中，只是让实验参与者在考虑消费税的情况下，进行消费行为倾向的选择，至于消费税的具体税负以及由谁承担的问题则没有告知实验参与者。

（3）计量分析法。本书第5章在实证分析税收凸显性对居民消费支出的影响时，由于采用的是省级面板数据，因此，采用了"面板数据固定效应模型"；第6章在分析税收凸显性对居民行为倾向的影响时，由于实验数据采集的居民消费行为倾向的变量是取值范围为1~5的有序离散变量，因此，采用了"Ordered Probit计量模型"；第7章和第8章在分析税收感知度对居民政府规模偏好和纳税遵从行为的影响时，由于通过问卷调查获取的居民政府规模偏好、纳税遵从度和纳税意愿变量的微观数据是取值范围为1~5的有序离散变量，因此，也采用了"Ordered Probit计量模型"。

1.3.2　数据来源

本书第3章采用的数据主要来源于华中科技大学国家自然科学基金面上项目"税收凸显性对居民行为的影响研究"课题组（以下简称"华中科技大学课题组"）、华中师范大学国家级大学生创新计划项目"税收凸显性对居民消费行为的影响：基于微观数据的实证研究"课题组（以下简称"华中师范大学课题组")与江西财经大学课题组合作进行的社会调查。第 4 章采用的数据主要来源于 EPS 全球统计数据/分析平台的中国宏观经济数据库（年度分地区）、《中国统计年鉴》《中国人口和就业统计年鉴》《中国税务年鉴》和《中国财政年鉴》。第 5 章采用的数据来源于华中科技大学课题组与华中师范大学课题组合作进行的情景模拟的卷烟消费实验和白酒消费实验。第 6 章采用的数据来源于华中科技大学课题组与华中师范大学课题组合作进行的社会调查与"问卷星"平台的网络调查。第 7 章采用的数据来源于华中科技大学课题组与华中师范大学课题组合作进行的社会调查。

1.4　研究的主要创新点

近年来，以 Chetty（2009）为代表的国外学者关于税收凸显性经济效应与社会效应的研究均是基于欧美等发达国家的税制背景。但是，中国的税制结构、税制环境、居民的税收意识以及税收征管技术等均与欧美等发达国家存在显著的差异。此外，鉴于当前国内税收凸显性相关问题研究比较缺乏的客观现状，本书在借鉴国外学者研究思路的基础上，立足于中国的税制环境和居民税收意识的现状，就税收凸显性对居民行为偏好的影响问题进行了如下几个方面的创新研究，以期进一步完善和补充国内关于税收凸显性问题的理论与实证研究。

（1）本书基于微观调查数据，分析了中国居民税收认知度的现状与差异性。居民的税收认知度是税收认知在纳税主体层面的体现，也是当前我国居民税收意识的重要表现。深入了解中国居民税收认知度的现状以及存在的差异性，是研究税收感知度对居民行为偏好影响的重要前提。有鉴于此，首先，从"纳税感知""税收法律政策认知""税负公平感知"和"税收本质认知"四个方面设计了度量居民税收认知度的指标，为了对比分析税收感知度在不同税种之间的差异，还分别设计了度量居民个人所得税与消费税"税收感知度"的指标，在具体测度居民税收认知度的过程中采用了李克特感知量表。其次，基于上述度量居民税收认知度的指标，通过问卷调查法采集了中国居民税收认知度的微观数据。最后，基于微观调查数据，从"纳税感知度""税收法律政策认知度""税负公平感知度"和"税收本质认知度"四个方面分析了中国居民税收认知度的现状，并通过分类描述统计，分析了税收认知度在不同性别、年龄、教育水平、家庭收入水平的居民之间和不同税种之间的差异。调查与分析结果发现，中国居民的"纳税感知度""税收法律与政策认知度"和"税收本质认知度"普遍比较低，而居民的"税负不公平感"则整体偏高。此外，研究还发现，税收认知度在不同性别、年龄、教育水平、家庭收入水平的居民之间存在显著差异，居民的税收感知度在个人所得税与消费税之间也存在显著的差异。

（2）本书基于省级面板数据和情景模拟的组间实验，实证分析了税收凸显性对居民消费支出和消费行为倾向的影响。在现实的社会经济生活中，消费决策是居民生活中最为常见的经济决策，而税收凸显性可能会通过影响居民的纳税感知度进而影响居民的消费行为决策。有鉴于此，以个人所得税与消费税为例，利用中国2001～2014年的省级面板数据，实证分析了税收凸显性对居民消费支出的影响，研究发现，个人所得税作为直接税，由于税收凸显性较高，税负的高低会直接影响居民的消费支出，个人所得税税负与居民的消费支出呈现显著的负相关关系，而消费税作为间接税，由于税收凸显性较低，其对居民消费支出的影响并不显著。此外，为了从微观角度进一步验证税收凸显性对居民消费行为的影响，以卷烟和白酒消费为例，采用情景模拟的组间实验和 Ordered Probit 模型，实证分析了消费税凸显性对居民消费行为倾向的影响，研究发现，在消费税凸显性较高的情境下，居民减少卷烟和白酒消费的行为倾向会更高，这表明在现实的社会经济生活中，消费税凸显性会影响居民的消费行为决策。当消费税凸显性较高时，消费者对商品价格中税收的察觉和感知程度会明显提高，因此，为了实现自身福利效用的最大化，对于消费税税负较高的商品，消费者在进行消费行为决策时会更加理性，从而会减少对高额税负商品的消费需求。

（3）本书基于微观调查数据和纳税人的视角，实证分析了税收感知度对居民政府规模偏好的影响。长期以来，我国的税制结构以间接税为主体，由于间接税的税收凸显性较低，居民对税收的感知度也相对较低，因此，居民的税收权利意识一直相对比较淡薄。但是，随着个人所得税、房地产税等直接税改革的逐步推进和深化，中国居民的税收感知度和税收权利意识将会日益提高，与此同时，居民对政府规模和权力的监督意识也可能会逐渐增强。有鉴于此，根据政府规模"内在规模"与"外在规模"的划分，从居民（纳税人）的角度出发，基于行为经济学的视角和"税收凸显性"理论，利用微观调查数据和 Ordered Probit 模型，实证分析了税收感知度对居民"政府权力规模""政府机构与公务员规模"和"行政经费开支规模"偏好的具体影响。研究发现，在控制居民的税收负担、收入水平和教育水平等个体特征的情况下，税收感知度对居民的政府"内在规模"偏好与"外在规模"偏好均具有显著的正向影响，即居民的税收感知度越高，其对限制"政府权力规模""政府机构与公务员规模"和"行政经费开支规模"的偏好越强烈。

（4）本书基于微观调查数据，以个人所得税为例，实证分析了税收感知度对居民纳税遵从度与纳税意愿的影响。在当前深化财税体制改革，特别是推进个人所得税与房地产税等直接税改革的背景下，中国的税收凸显性与居民的税收感知度都必然会不断提高。那么，随着居民税收感知度的提高，居民的纳税遵从度与纳税意愿是否会发生变化呢？为了探讨这一问题，以中国现行的个人所得税为例，利用微观调查数据和 Ordered Probit 模型，实证分析了税收感知度对居民纳税遵从度与纳税意愿的影响。研究发现，在控制收入水平、教育水平和税制复杂性等一系列因素的情况下，税收感知度对居民的纳税遵从度和纳税意愿均具有显著的影响，即居民的税收感知度越高，其缴纳个人所得税的遵从度也会越高；同样，居民的税收感知度越高，其缴纳个人所得税的意愿也会越高。但是，需要说明的是，这一研究结论可能仅适用于当前中国个人所得税制的特定税制环境，随着税制改革的全面深化，特别是综合与分类相结合个人所得税制改革的推进，以及个人所得税征管强度与税收负担的提高，税收感知度对居民个人所得税纳税遵从度与纳税意愿的影响可能会发生变化，甚至可能会出现负向的影响。

第 2 章　文献综述

　　税收凸显性是税收对纳税人或税负承担者的易见程度。税收凸显程度会影响居民对税收的察觉和感知程度，并进而影响居民的行为决策与选择偏好。近年来，随着行为经济学理论在税收研究领域的广泛应用，税收凸显性对居民行为的影响问题引起了国内外学者的极大关注，也取得了有益的创造性研究成果。本章主要就税收凸显性与税收感知度对居民行为偏好影响研究的国内外相关文献进行比较系统的综述，以期为本书后续章节的实证研究提供理论基础，同时也为国内学者进一步开展税收凸显性相关问题的研究提供经验借鉴。

2.1　国外相关文献述评

　　在公共经济学领域，税收对居民的劳动供给、投资选择和消费储蓄等行为均具有显著的影响。国外学者在以往研究税收及其社会经济效应时，通常假设个体对税收信息是完全知道的，因此，个体不仅能够完全察觉和感知真实的税负，而且能够据此作出最优的行为决策。但是，随着现代经济学理论的发展，20 世纪 50 年代，Simon（1955）对古典经济学的"理性经济人"假设进行了批判，并提出了"有限理性决策理论"，即人的知识和能力是有限的，在进行行为决策时不可能掌握全部信息，也不可能作出完全理性的决策。此外，20 世纪 70 年代末以来，随着"前景理论"的诞生和行为经济学的发展，国外学者的研究也进一步发现，由于环境的复杂性和个体认知能力的有限性，个体并非是完全理性的，而且其偏好也并非是一成不变的。因此，在现实的社会经济生活中，由于税制结构的复杂性与居民税收认知能力的有限性，居民并不能完全察觉和理解全部税收，也不可能完全作出最优的行为决策。

近年来，Chetty 等（2009）国外学者提出了"税收凸显性"（tax salience）理论，并基于行为经济学的视角，就税收凸显性对居民行为影响的经济与社会效应进行了一定的理论探讨和实证研究。但是，国外学者关于税收凸显性问题的现有研究主要是基于欧美发达国家的税制环境，而基于发展中国家税制环境进行的相关研究则较为少见。具体而言，当前国外学者关于税收凸显性问题的研究主要集中在税收凸显性的作用机理、税收凸显性的经济效应与社会效应等方面。

2.1.1 税收低估及税收凸显性的机理研究

事实上，早在 1848 年，穆勒（Mill）就在其著作《政治经济学原理》中指出，与直接税相比，间接税的可见性比较低，不易被纳税人察觉和感知，因此，间接税的税收负担会被纳税人低估，即所谓的"税收低估"现象。但是，直到意大利财政学家普维亚尼（Puviani，1897）提出"财政幻觉"的概念之后，纳税人低估税收负担的问题才引起了国外学者的广泛关注，特别是自 Buchanan（1960）和 Oates（1979）等学者较为系统地阐述"财政幻觉"（fiscal illusion）的存在和表现形式以来，学者们对纳税人低估和误解税收的现象进行了广泛研究。他们研究发现，纳税人察觉到的边际税率与实际的边际税率存在显著差异，因此，基于实际税率的研究会高估个人所得税的福利损失（Rosen，1976；Fujii and Hawley, 1988；Bartolome, 1995；Arrazola et al., 2000）。而人们低估和误解税收的一个重要原因是税收复杂性。Rupert 等（2003）以税收扣除项的限制条件作为税收复杂性的代理变量，实验研究发现，税收越复杂，人们越不容易察觉税收，从而低估和误解税收。此外，"财政幻觉"也被国外学者用来解释政府规模增长的问题。国外学者的实证研究发现，"财政幻觉"会扭曲纳税人的公共产品偏好，使纳税人产生"过多"的公共需求，进而导致政府支出规模的扩张（Gemmell et al., 1999, 2003；Sausgruber and Tyran, 2005；Sanandaji and Wallace, 2011）。

随着行为经济理论在税收经济学领域的应用，针对"税收低估"问题，Chetty（2009）等国外学者提出了"税收凸显性"的概念，并将其定义为税收对纳税人或税负承担者的易见程度。Schenk（2010）则对税收透明、税收复杂和税收凸显性之间的联系与区别进行了分析，认为税收复杂性是税收凸显性的重要影响因素。Kurokawa 等（2016）进行的一项关于个人所得税与消费税选择实验的研究发现，由于消费税的凸显性低于个人所得税，因此，实验参与者对消费税的计算存在错误的认知和理解，即税收凸显性会导致居民出现"税率错觉"。具体而言，在消费税的名义税率高于个人所得税，而实际税负小于或等于个人所得税时，实验参与者更喜欢选择个人所得税；但是，当消费税与个人所得税的名义税率相等，而实际税负高于个人所得税时，实验参与者更喜欢选择消费税。此外，Gamage 和 Shanske（2012）将税收凸显性分为市场凸显性和政治凸显性，并认为税收凸显性理论其实是纳税人的行为如何偏离新古典经济的理论。

综上所述，国外学者就"税收凸显性""税收低估"和"财政幻觉"的成因以及作用机理进行了相应的理论分析与实证检验。具体而言，税制复杂性会影响税收凸显性，而税收凸显性则会影响纳税人对税收的察觉和感知程度，当税收凸显性比较低的时候，纳税人对自己承担的实际税负可能会出现低估的问题，即纳税人会出现"财政幻觉"，而

"财政幻觉"则会进一步扭曲纳税人对公共产品的需求偏好，使纳税人产生过度的公共产品需求，从而导致政府财政支出的扩大和政府规模的过度膨胀。国外学者的上述理论研究为国内学者开展相应研究提供了理论基础，但是，中国的税制环境和居民的税收意识与欧美发达国家均存在比较大的差异。因此，国内学者有必要基于中国的税制环境和居民税收意识的现状，进一步深入探讨税收凸显性对居民行为的作用机理，从而为我国的税制改革提供理论支撑和经验证据。

2.1.2 税收凸显性对居民行为的经济效应

税收凸显性会直接影响居民对税收的察觉、理解和感知程度，并进而影响居民在社会经济生活中的行为决策，因此，税收凸显性的经济效应备受国外学者的关注。Chetty（2009）从税负归宿和税收的效率成本角度研究了税收凸显性效应，基于有限理性假设的理论分析表明，纳税人并不能根据税收和转移支付等税收政策作出最优决策，因此，即使对需求没有产生影响，税收依然会产生效率损失。Bernheim 和 Rangel（2009）分析了基于行为选择的标准福利经济学模型，认为只有在税收为完全凸显的情况下，行为选择才揭示了个体的真实偏好。近年来，国外学者分别采用实验研究法和经验分析法，实证分析了税收凸显性对居民行为的经济效应。

随着实验经济学的快速发展，国外学者将实验经济学的研究方法引入税收凸显性经济效应的研究中。Chetty 等（2009）学者为了研究销售税凸显性是否会对居民的消费行为产生影响，在美国加州北部的一家超市进行了一项为期3周的实验研究，并采用三重差分法（DIDID）对实验数据进行了回归分析。研究结果表明，将销售税张贴到啤酒、香烟、饼干等商品的价格标签上之后，由于销售税凸显性的提高，这些商品的销售量出现了明显的下降。Feldman 和 Ruffle（2012）为了研究税收凸显性对消费者消费行为决策的影响，以"垃圾"食品（巧克力、口香糖等）、学习用品（笔、纸等）和生活用品（牙膏、牙刷等）为例，在实验室内进行了一项由 180 名大学生参与的消费行为实验。实验结果表明，在税收凸显性比较低的情境下（即购物阶段商品价格不含税，而在结账阶段缴纳增值税），参与实验者的消费支出明显更多。此外，Blumkin 等（2012）基于个人所得税与消费税的实验研究发现，由于消费税的凸显性较低，居民对消费税的认知存在错觉，因此，与消费税相比，在同等税负的条件下，所得税会导致居民更加显著地减少劳动供给。

在美国购买烟、酒时，消费者主要承担消费税和销售税两种税负。但是，由于税制设计的固有差异，与销售税相比，消费税具有更高的税收凸显性。Chetty 等（2009）采用 1970～2003 年美国各州啤酒消费数据的实证研究发现，由于消费税的凸显性高于销售税的凸显性，与增加销售税相比，增加消费税更能有效减少消费者对啤酒的消费。Goldin（2013）采用 1984～2000 年美国行为风险因素监测系统（BRFSS）的微观调查数据，实证分析了烟草消费税和烟草销售税对烟民烟草消费行为的影响，研究结果表明，税收凸显性较高的烟草消费税会对所有烟草消费者的消费行为产生影响，而税收凸显性较低的烟草销售税仅仅会对低收入烟草消费者的消费行为产生影响。此外，Finkelstein（2009）以汽车通行税采用电子收费（ETC）方式收税为例的实证研究发现，由于电子收费（ETC）的方式显著地降低了汽车通行税的凸显性，因此，在采用电子收费（ETC）的方式后，汽车通行税的收入提高了 20%～40%。Bradley 和 Feldman（2015）基于 2012 年美国交通运输部机票税费信息披露规则改革，并采用美国运输统计局 2009～2014 年调查数据的实证研究发现，2012 年以前，国内航空公司被允许发布机票价格时不包含税费，因此，在消费者的最初搜索阶段，机票的具体税费信息是相对不可见的，这在很大程度上降低了机票税费的凸显性。为此，美国交通运输部要求国内航空公司和在线旅行社将强制性的税费合并到其公布的机票价格中，这一措施提高了机票税费信息的凸显性，从而导致乘客需求与乘客的人均税收出现了明显的下降。

综上所述，国外学者基于税收凸显性对居民经济行为决策的理论分析，引入行为经济学和实验经济学的研究方法，通过实验研究实证分析了税收凸显性对居民消费行为和劳动供给行为的影响，实验研究结果发现，税收凸显性会影响实验参与者的消费需求和劳动供给决策。此外，国外学者利用微观数据的实证研究也进一步验证了税收凸显性对居民消费行为决策的影响。但是，国外学者的研究主要基于欧美发达国家的税制环境。因此，国内学者有必要基于中国的税制环境和居民税收认知度的现状，在借鉴国外学者研究方法的基础上，进一步深入探讨税收凸显性对中国居民消费行为和劳动供给行为等经济行为决策的影响，从而为我国政府在税制改革的过程中通过利用税收凸显性来调整居民的经济行为决策提供理论支撑和经验证据。

2.1.3　税收凸显性对居民行为的社会效应

税收凸显性对居民行为不仅具有显著的经济效应，而且产生了明显的社会效应。这不仅体现为税收凸显性对居民纳税遵从、税制结构选择等方面的影响，而且也反应在政府规模等选择偏好方面。

McCaffery 和 Baron（2006）认为，人们往往只会对选择集（choice set）中那些最为凸显或者最为明显的方面产生积极的响应。McCaffery 和 Baron（2006）进一步实验研究发现，人们会最小化甚至忽略诸如间接税等税收政策的间接效应。此外，与易见的税收相比，人们倾向于选择隐蔽性税收（hidden taxes），当人们不确定谁将承担税负时，这种倾向程度尤为强烈，但当被提示去考虑间接效应时，人们对隐蔽性税收的偏好明显减弱，但依然未能完全消除。Bradley（2013）利用密歇根

2007～2009年财产税相关数据的研究发现，在更加凸显的税制环境下，人们在纳税方面的违规现象明显更多。这表明，人们并不能理性地对待他们的税单，而是愿意为那些不易察觉、不够凸显的税收付出沉重代价。此外，Castro 和 Scartascini（2015）对阿根廷市民房产税遵从度进行的实验研究发现，通过税收凸显性机制提高或更新居民关于税收执法力度、社会纳税风尚和公共产品提供效率的认知，能够有效减少居民对房产税的抵制情绪，从而提高居民的纳税遵从水平。

税收凸显性导致的"财政幻觉"是政府规模膨胀的重要原因，但现有的研究尚未直接分析税收凸显性对"财政幻觉"和政府规模的影响，大多的研究均是聚焦于"财政幻觉"与政府规模的关系。他们研究指出，由于税制和公共预算过程的复杂性，纳税人会低估税负和公共产品的成本，从而支持更多的政府支出（Buchanan，1960；Wagner，1976；Oates，1979；Transue，2007）。Hines 和 Thaler（1995）、Brennan 和 Pincus（1996）的研究发现，在相同财政收入的地方，转移支付比重越高的地方，其地方政府规模越大，这一现象被学者们称为"粘蝇纸效应"（flypaper effect）。但是，上述研究均未能对纳税人低估税负的具体原因进行进一步分析，即未能将税收凸显性纳入税收低估的分析框架。此外，Fisher 和 Wassmer（2015）以美国加州和密歇根州的汽油税为例，研究了汽车司机的汽油税感知度对通过增加州汽油税来改善高速公路的支持度的影响，调查结果显示，在加州和密歇根州分别大约有50%和75%的被调查者（选民）高估了汽油税的税负，并且实证结果表明，那些高估州汽油税的选民对于额外增加高速公路投资的支付意愿明显偏低。

综上所述，国外学者在探讨税收凸显性对居民行为经济效应的同时，还深入研究和探讨了税收凸显性对居民行为的社会效应。具体而言，国外学者的研究发现，纳税人更倾向于选择凸显性较低的税制（隐蔽性税收），当税收凸显性较高时，纳税人的纳税不遵从行为会更多。

但是，通过提高纳税人对税收执法力度、社会纳税风尚和公共产品提供效率的认知，可以在一定程度上提高纳税人的纳税遵从水平。此外，"财政幻觉"与政府规模的关系问题，国外学者也进行了诸多的理论分析与实证研究，但是，关于税收凸显性对居民政府规模偏好、公共产品需求偏好和政治参与行为等方面的研究还相对较少。因此，在当前全面深化改革的时代背景下，国内学者有必要基于中国的税制环境、居民税收意识与政治意识的现状，在借鉴国外学者研究经验的基础上，进一步深入探讨税收凸显性对居民纳税遵从行为、政府规模偏好、公共产品偏好和政治参与行为等问题的影响，从而为我国的财税体制改革和行政体制改革等提供理论支撑与经验证据。

2.2　国内相关文献述评

近年来，以 Chetty 等（2009）为代表的国外学者对税收凸显性的经济与社会效应进行了相关的理论与实证研究，但是，关于中国税收凸显性相关问题的研究尚未引起国内学者的足够重视，关于中国税收凸显性的相关问题，尤其是税收凸显性的经济与社会效应问题亟待进一步深入研究。具体而言，当前国内学者关于税收凸显性相关问题的探讨主要集中在以下几个方面。

2.2.1　财政幻觉与政府规模的研究

近年来，部分国内学者也从"财政幻觉"的视角对政府规模扩张的问题进行了解释。刘金全等（2004）将"财政幻觉"分解为"预期幻觉"和"赤字幻觉"等成分，研究发现，我国财政支出受到一定程度的"财政幻觉"影响，"预期幻觉"和"赤字幻觉"都显著地提高了政府支出，并且增加了公众对于公共支出的需求。文娟和沈映春（2008）基于中国1978～2004年宏观数据的实证研究也表明，"财政幻觉"是中国政府规模增长的原因之一。徐诗举（2009）认为，"财政幻觉"不仅包括纳税人低估税收负担的乐观幻觉，而且还应包括纳税人高估税收负担的悲观幻觉。财政乐观幻觉扩大了公共支出和政府规模，但财政悲观幻觉会加剧纳税人的厌税情绪，造成公共支出规模和公共服务水平下降。孙琳和汤蛟伶（2010）认为，税制结构对"财政幻觉"产生重要影响，进而影响地方政府规模。此外，孙群力和李永海（2016）在分析中国地区财政幻觉影响因素的基础上，采用MIMIC模型测算了中国30个地区2006～2013年的财政幻觉指数，结果表明：我国各地区财政幻觉指数呈逐年下降趋势，其中，西部地区最高，中部地区次之，东部地区最低，各地区财政幻觉指数与人均GDP显著负相关。他们的研究还发现，地方财政负担水平、间接税占比、税收HHI指数、自我就业率、教育水平和CPI指数是影响地区财政幻觉的主要因素，较高的财政幻觉则不利于财政透明度的提升。

综上所述，国内学者在借鉴国外学者研究经验的基础上，就"财政幻觉"对我国政府规模的影响问题进行理论分析与实证研究，研究结论基本一致认为，"财政幻觉"是导致我国政府规模膨胀的重要原因之一。此外，国内学者还就"财政幻觉"的宏观影响因素进行了研究，但是，关于税收凸显性对"财政幻觉"与政府规模影响问题的研究则很少见。因此，国内学者有必要在借鉴国外学者研究经验的基础上，进一步深入探讨税收凸显性对"财政幻觉"和政府规模的影响，从而为我国的税制改革提供经验证据与理论支撑。

2.2.2 税收凸显性、税收感知度与居民行为的研究

近年来，国内学者在借鉴国外税收凸显性研究经验的基础上，基于

中国的税制环境和居民税收意识的现状，调查分析了中国居民对个人所得税的认知度，并探讨和分析了税收凸显性的影响因素及其对社会福利的影响。魏娟和陈力朋等（2016）关于个人所得税认知度的调查分析显示，整体而言，我国居民的个人所得税内在认知度比较低，并且不同受教育程度、专业背景和税收参与度的居民在个人所得税内在认知度方面存在较大差异。种聪和王婷（2016）调查分析了税收凸显性的影响因素，认为税收凸显度高低是各种综合因素作用的结果，既有税制本身的因素，也有消费者心理和社会环境因素，以及消费者的内在认知因素。刘畅（2017）以个人所得税为例的调查研究发现，税收显著性是影响个人所得税纳税遵从度的重要因素，特别是个人所得税征收方式的显著性会显著影响居民的税负感知度，与采用"现金支付"交税的方式相比，采用"网上电子划款"的方式交税时，居民的税负感知度会相对降低。钟春平和李礼（2016）以从价税为出发点，分析了税收显著性对社会福利的影响。研究发现，在税收显著性较小时，消费者要承担更多的税收，生产者承担的税收更少，但此时社会福利的损失较小；在税收显著性较大时，消费者承担的税收较小，生产者承担的税收更多，但此时社会福利的无谓损失较大。

此外，国内学者还对国外税收显著性的研究进展进行了评述，并提出了对国内税制改革的启示，童锦治和周竺竺（2011）从"税收显著性概念的提出""税收显著性的验证与影响因素""税收显著性对税收效应的修正"和"税收显著性与税制改革"等方面，对国外基于启发式认知偏向的税收显著性研究成果进行了简要的评述，并基于对国外研究现状的评述，提出了对中国税制改革的见解，即在税制改革中，要考虑纳税人对税收的心理承受能力，要谨慎权衡税制的简化与税制的复杂的关系，要处理好税基调整与税率调整的关系，要通过提升纳税服务质量来提高税收管理水平。周琦深等（2014）从税收显著性的理论基础、影响因素和政策效应等方面，系统梳理了国外税收显著性的最新研究成果，同时归纳整理了国内与税收显著性相关的理论研究成果，并对国内外文献中存在的问题进行了简单述评，为拓展税收显著性的应用外延，以及完善我国税制体系提供了理论依据和科学思路。

综上所述，国内学者在借鉴国外学者研究经验和研究方法的基础上，基于中国的税制环境与居民税收意识的现状，利用问卷调查法和计量分析法等，调查分析了中国居民对个人所得税的认知度以及税收凸显性的主要影响因素，并就税收凸显性对社会福利的影响进行了理论探讨与分析。但是，国内学者关于税收凸显性问题的研究方法与研究内容都需要进一步改进和拓展，特别是税收凸显性对居民消费行为、纳税遵从行为、政府规模偏好、公共产品偏好和政治参与行为的影响等问题均需要进行深入研究。

2.3　本章小结

国外学者对税收凸显性的内在机理及其产生的经济效应、社会效应展开了一定的理论与经验研究，这些研究成果极大地开拓了税收与个体经济行为研究的视野，对我国学者进行相关研究具有重要的参考和借鉴意义。但是，国外学者的相关研究大多基于欧美等发达国家的税制环境，而我国作为发展中国家，税制结构主要以间接税为主体，居民的税收意识、征管技术与条件也与欧美等发达国家存在显著差异，为此，税收凸显性的效应研究有待结合具体的国情进行深入研究。此外，在现有国外相关研究中，国外学者主要采用较为成熟的实验研究方法，而利用大样本微观数据的实证分析则较为少见。鉴于实验方法的可控性问题，相关研究结论有待进一步研究确认，并且，关于税收凸显性的社会效应问题，国内外的相关研究依然相对较少。因此，立足于我国间接税制的现状，将实验研究方法和微观调查数据相结合，进一步深入研究税收凸显性的经济效应与社会效应具有重要的理论意义与现实意义。

　　近几年来，尽管部分国内学者对国外税收凸显性的研究成果进行了初步的介绍，并在借鉴国外学者研究经验和研究方法的基础上，就税收凸显性的影响因素以及对社会福利的影响等问题进行了初步的探讨与研究。但是，整体而言，国内学者关于税收凸显性对居民行为偏好影响问题的研究还比较缺乏，税收凸显性的形成机理及其对居民行为的经济与社会效应还有待进一步分析。因此，国内学者有必要以行为经济学的理论为支撑，基于我国的税制结构、税制环境与居民税收意识等实际情况，借鉴国外学者的研究方法，进一步深入探讨税收凸显性对我国居民行为偏好的影响问题。在当前全面深化改革，特别是深化财税体制改革的时代背景下，税收凸显性对居民消费行为、纳税遵从行为、劳动参与行为、政府规模偏好、公共产品偏好和政治参与行为等的影响问题，亟待进行深入探讨和研究。这不仅可以丰富国内税收凸显性等相关问题的理论与实证研究成果，还可以为我国的税制改革和行政体制改革等提供经验证据和理论支撑，从而提高我国财税体制改革和行政体制改革的预期效果。

第3章 中国居民的税收认知度：
现状与差异性分析

　　居民的税收认知度是指居民对税收法律政策以及自身纳税情况的了解与感知程度，是税收认知在纳税主体层面的体现，也是当前我国居民税收意识的重要表现。深入了解中国居民税收认知度的现状以及存在的差异性，是研究税收感知度对居民行为偏好影响的重要前提。因此，本章在设计度量居民税收认知度指标的基础上，通过问卷调查法采集了中国居民税收认知度的微观数据。然后，基于微观调查数据，从纳税感知度、税收法律政策认知度、税负公平感知度和税收本质认知度四个方面分析了中国居民税收认知度的现状。最后，为了探讨影响居民税收认知程度的因素和机制，通过分类描述统计，分析了税收认知度在不同性别、年龄、教育水平、家庭收入水平的居民之间和不同税种之间的差异。

3.1　研究设计与数据说明

3.1.1　税收认知度的度量

　　课题组采用了问卷调查法，以全面了解中国居民税收认知度的现状，以及税收认知度在不同身份特征居民之间的差异。课题组在和相关专家充分讨论后，完成了问卷的设计工作，并进行了预调查，对预调查中存在的问题进行了修正，最后形成最终的调查问卷。为了有效度量居民的税收认知度，课题组在查阅大量国内外相关文献和借鉴现有研究的基础上，从"纳税感知""税收法律政策认知""税负公平感知"和"税收本质认知"四个方面设计了度量居民税收认知度的指标，并采用李克特感知量表（Likert perception scale）测量了居民的税收认知度。此外，为了对比分析税收感知度在不同税种之间的差异，还分别从"税率"和"计税方法"两个方面分别测度了居民对个人所得税与消费税的税收感知度。上述各指标的具体度量及其赋值如表 3 - 1 所示。

表 3 - 1　　　　　　　　居民税收认知度指标的度量与说明

指标	变量说明	赋值
纳税感知度	您了解自己的纳税情况（所纳税种、税额、纳税途径等）吗？	1 表示"完全不了解"，2 表示"比较不了解"，3 表示"一般"，4 表示"比较了解"，5 表示"完全了解"
税收法律政策认知度	您了解当前我国的税收法律与政策吗？	1 表示"完全不了解"，2 表示"比较不了解"，3 表示"一般"，4 表示"比较了解"，5 表示"完全了解"
税负公平感知度	您认为当前我国对高收入者征税的情况？	1 表示"非常低"，2 表示"比较低"，3 表示"合适"，4 表示"比较高"，5 表示"非常高"
税收本质认知度	您认为我国政府的税收是否是取之于民，用之于民？	1 表示"完全不是"，2 表示"可能不是"，3 表示"不确定"，4 表示"可能是"，5 表示"完全是"
个人所得税感知度	您是否了解当前我国个人所得税的税率？	1 表示"完全不了解"，2 表示"比较不了解"，3 表示"一般"，4 表示"比较了解"，5 表示"完全了解"
	您是否了解当前我国个人所得税的计算方法？	1 表示"完全不了解"，2 表示"比较不了解"，3 表示"一般"，4 表示"比较了解"，5 表示"完全了解"

续表

指标	变量说明	赋值
消费税 感知度	您是否了解当前我国消费税的税率？	1表示"完全不了解"，2表示"比较不了解"，3表示"一般"，4表示"比较了解"，5表示"完全了解"
	您是否了解当前我国消费税的计算方法？	1表示"完全不了解"，2表示"比较不了解"，3表示"一般"，4表示"比较了解"，5表示"完全了解"

就"纳税感知度"的度量而言，采用对问卷"您了解自己的纳税情况（所纳税种、税额、纳税途径等）吗？"问题的回答来度量居民的纳税感知度，问卷要求被调查者在"完全不了解""比较不了解""一般""比较了解"和"完全了解"五个选项之间进行选择。就"税收法律政策认知度"的度量而言，采用对问卷"您了解当前我国的税收法律与政策吗？"问题的回答来度量居民的税收法律政策认知度，问卷要求被调查者在"完全不了解""比较不了解""一般""比较了解"和"完全了解"五个选项之间进行选择。就"税负公平感知度"的度量而言，采用对问卷"您认为当前我国对高收入者征税的情况？"问题的回答来度量居民的税负公平感知度，问卷要求被调查者在"非常低""比较低""合适""比较高"和"非常高"五个选项之间进行选择。就"税收本质认知度"的度量而言，采用对问卷"您认为我国政府的税收是否是取之于民，用之于民？"问题的回答来度量居民的税收本质认知度，问卷要求被调查者在"完全不是""可能不是""不确定""可能是"和"完全是"五个选项之间进行选择。

此外，就"个人所得税感知度"的度量而言，采用对问卷"您是否了解当前我国个人所得税的税率？"和"您是否了解当前我国个人所得税的计算方法？"问题的回答来度量，问卷要求被调查者在"完全不了解""比较不了解""一般""比较了解"和"完全了解"五个选项之间进行选择。就"消费税感知度"的度量而言，采用对问卷"您是否了解当前我国消费税的税率？"和"您是否了解当前我国消费税的计算方法？"问题的回答来度量，问卷要求被调查者在"完全不了解""比较不了解""一般""比较了解"和"完全了解"五个选项之间进行选择。

3.1.2　数据来源与说明

本章采用的数据来源于华中科技大学课题组、华中师范大学课题组与江西财经大学课题组合作进行的社会调查。华中科技大学课题组分别与华中师范大学和江西财经大学课题组合作进行了两次社会调查，两次调查共计发放调查问卷1300份，回收问卷1220份，问卷回收率93.85%，其中有效问卷1061份，回收的有效问卷率为86.97%。调查的对象主要是来自政府机关、事业单位、企业和工厂等相关部门的职工，样本来源相对比较广泛。调查的变量主要包括受访者的性别、年龄、婚姻状况、政治面貌、户籍、受教育程度、收入状况等个体特征，以及居民的幸福感、纳税感知度、税收法律政策认知度、税负公平感知度、税收本质认知度、个人所得税征税范围与免征额的认知度、个人所得税税率与计算方法的认知度、个人所得税纳税意愿与纳税遵从度、税制复杂性、消费税税率与计算方法认知度等变量（详见附录中的调查问卷）。

两次社会调查的具体情况如下：2015年7~8月华中科技大学课题组与华中师范大学课题组的成员在湖北武汉和河南郑州、洛阳等地进行了第一次调研。本次调研共计随机发放调查问卷700份，实际回收问卷634份，问卷回收率90.57%，在整理回收问卷的过程中，对于存在较多空白的问卷、人口统计学变量严重缺失的问卷我们将其认定为无效问卷并予以剔除，最后共计获得有效问卷518份，回收的有效问卷率为81.70%。2016年11月~2017年2月，华中科技大学课题组与江西财经大学课题组的成员在江西南昌、江苏南京、湖南长沙、安徽合肥和河北石家庄等地进行了第二次调研。在总结第一次调研经验与教训的基础上，为了提高调查问卷填写的质量与有效问卷率，本次调研采取了有偿填写问卷的方式，共计随机发放调查问卷 600 份，实际回收问卷 586 份，问卷回收率 97.67%，通过整理最后获得有效问卷 543 份，回收的有效问卷率为 92.66%。

3.2 中国居民税收认知度的现状分析

根据问卷调查获得的有效数据，从"纳税感知度""税收法律政策认知度""税负公平感知度"和"税收本质认知度"四个方面绘制了居民税收认知程度的状况图，用以分析当前中国居民税收认知程度的现状。

从图 3 - 1 中可以看出，我国居民的纳税感知程度整体比较低。在参与调查的居民中，仅有 4.62% 的居民表示"完全了解"自己的纳税情况，有 22.24% 的居民表示"比较了解"自己的纳税情况，还有32.99% 的居民表示对自己纳税情况的了解程度"一般"，有 12.25% 和27.90% 的居民分别表示"完全不了解"和"比较不了解"自己的纳税情况。由此可见，大约有 40.15% 的居民不太了解自己所纳税的税种、税额和纳税途径。

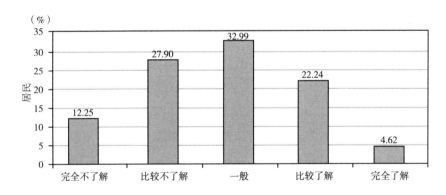

图 3 - 1 居民对纳税情况的感知程度

从图 3 - 2 中可以看出，我国居民对当前我国税收法律与政策的认知程度整体偏低。在参与调查的居民中，仅有 1.13% 的居民表示"完全了解"当前我国的税收法律与政策，有 16.59% 的居民表示"比较了解"当前我国的税收法律与政策，还有 40.81% 的居民表示对当前我国税收法律与政策的了解程度"一般"，有 12.35% 和 29.12% 的居民分别表示"完全不了解"和"比较不了解"当前我国的税收法律与政策。由此可见，大约有 41.47% 的居民不太了解当前我国的税收法律与政策。这表明当前我国大多数居民都不太了解和关注税收法律与政策，因此，税务机关需要进一步加强税收法律与政策的宣传，进而提高我国居民的税收意识。

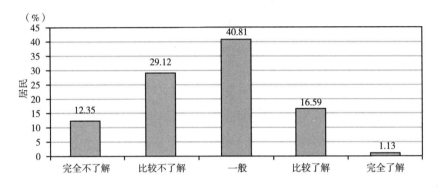

图 3 - 2　居民对税收法律政策的认知程度

从图 3 - 3 中可以看出，我国居民的税负不公平感知程度整体偏高。在参与调查的居民中，仅有 25.26% 的居民认为当前我国政府对高收入者的征税情况是"合适"的，即仅有 25.26% 的居民认为当前的税负是比较公平的。但是，大约有 74.74% 的居民认为当前我国的税负存在不公平。其中，有 17.44% 和 37.79% 的居民分别认为当前我国政府对高收入者的征税情况是"非常低"和"比较低"，即有大约 55.23% 的居民认为当前我国高收入者的实际税负整体偏低，存在税负不公平；此外，还有 2.64% 和 16.87% 的居民分别认为当前我国政府对高收入者的征税情况是"非常高"和"比较高"，即大约有 19.51% 的居民认为当前我国高收入者的实际税负偏高，存在税负不公平。这表明当前我国的税负不公平问题依然比较严重，亟待解决。

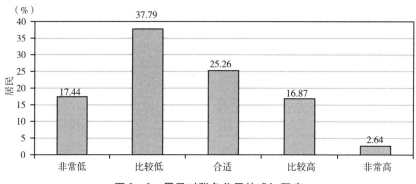

图 3 - 3   居民对税负公平的感知程度

从图 3 - 4 中可以看出，我国居民对税收本质的认知程度整体偏低。在参与调查的居民中，仅有 4.43% 的居民认为我国政府的税收"完全是"取之于民，用之于民；有 26.58% 的居民认为我国政府的税收"可能是"取之于民，用之于民；有 28.18% 的居民表示"不确定"我国政府的税收是否取之于民，用之于民；有 14.61% 和 26.20% 的居民分别认为我国政府的税收"完全不是"和"可能不是"取之于民，用之于民。由此可见，大约有 40.81% 的居民不太认可我国政府税收是"取之于民，用之于民"的本质。这在一定程度上解释了当前我国居民纳税意愿和纳税意识比较低的问题，正是因为大多数居民认为我国政府的税收不是"取之于民、用之于民"，即自己不是纳税的受益人，所以大多数中国居民的纳税意愿普遍较低。

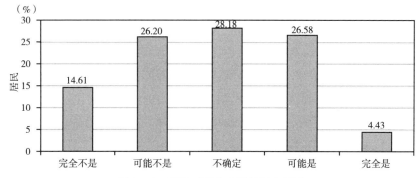

图 3 - 4   居民对税收本质的认知程度

从上述分析可以看出，整体而言，当前我国居民的税收认知程度相对偏低。但是，就我国居民税收认知度偏低的具体原因而言，可能主要有如下三个方面：一是税制结构不合理。长期以来，我国的税制结构以间接税为主体，而间接税的税收凸显性比较低，居民不易感知。二是税制设计具有隐蔽性。例如，我国的个人所得税采用分类所得税制设计，且个人所得税的主要来源是工资、薪金所得，而工资、薪金所得的个人所得税主要采用单位代扣代缴的方式，这在一定程度上降低了居民对个人所得税的感知程度；我国的消费税一直实行价内税的税制设计，价内计税的隐蔽性降低了消费税的凸显性，从而导致居民难以感知到自己缴纳了消费税。三是税务宣传不到位。长期以来，在以间接税为主的税制结构下，税收征管主要面向企业征收，面向个人直接征收的税收则相对较少，因此，税务机关对居民税务宣传的重视程度不够。

3.3　中国居民税收认知度的差异性分析

通过前文对居民税收认知度现状的分析可以发现，整体而言，我国居民的税收认知程度相对偏低。但是，税收认知度在不同性别、年龄、教育水平、家庭收入水平的居民之间和不同税种之间是否存在差异呢？对这些问题的分析将有助于我们进一步理解影响居民税收认知程度的因素和机制。因此，本章将继续分析税收认知程度在不同性别、年龄、教育水平、家庭收入水平的居民之间和不同税种之间的差异。

3.3.1　税收认知度在不同性别、年龄居民之间的差异

税收认知度是居民对税收法律政策以及自身纳税情况的主观认知或感知程度，因此，不同身份特征居民的税收认知度可能会存在一定的差

异。性别和年龄是居民身份特征中最基本的特征，那么不同性别和年龄居民的税收认知度是否存在差异，以及存在何种差异呢？为了回答这一问题，笔者从纳税感知度、税收法律政策认知度、税负公平感知度和税收本质认知度四个方面分析了税收认知度在不同性别和年龄居民之间的差异，如表3-2所示。从表3-2中可以看出，居民的税收认知度在不同性别和不同年龄的居民之间存在显著的差异性。

表3-2　　　　　　不同性别、年龄居民税收认知度的差异　　　　单位:%

指标	分类	性别		年龄		
		女	男	18~34岁	35~44岁	45岁以上
纳税感知度	较低	42.32	38.56	47.67	39.95	31.35
	一般	33.41	32.68	33.15	32.82	33.01
	较高	24.27	28.76	19.18	27.23	35.64
税收法律政策认知度	较低	45.88	38.24	50.96	40.71	31.02
	一般	42.76	39.38	37.53	39.19	46.86
	较高	11.36	22.38	11.51	20.10	22.12
税负公平感知度	较低	45.21	62.58	47.40	54.96	65.02
	合适	31.40	20.75	26.58	28.25	19.80
	较高	23.39	16.67	26.02	16.79	15.18
税收本质认知度	较低	41.65	40.20	45.21	42.49	33.33
	一般	31.63	25.65	28.49	27.48	28.71
	较高	26.72	34.15	26.30	30.03	37.96

注：为了便于对比分析，本表中纳税感知度与税收法律政策认知度"较低"是指"完全不了解"和"比较不了解"，纳税感知度与税收法律政策认知度"较高"是指"比较了解"和"完全了解"；税负公平感知度"较低"是指"非常低"和"比较低"，税负公平感知度"较高"是指"比较高"和"非常高"；税收本质认知度"较低"是指"完全不是"和"可能不是"，税收本质认知度"一般"是指"不确定"，税收本质认知度"较高"是指"可能是"和"完全是"。

　　第一，从不同性别特征居民的税收认知度来看，居民的纳税感知度、税收法律政策认知度、税负公平感知度和税收本质认知度在男性与女性之间均存在显著的差异性。首先，就纳税感知度而言，男性的纳税

感知度要略高于女性，具体而言，参与调查的女性中有 24.27% 表示
"比较了解"和"完全了解"自身的纳税情况，而参与调查的男性中有
28.76% 表示"比较了解"和"完全了解"自身的纳税情况。其次，就
税收法律政策认知度而言，男性的税收法律政策认知度要明显高于女
性，具体而言，参与调查的女性中仅有 11.36% 表示"比较了解"和
"完全了解"当前我国的税收法律与政策，而参与调查的男性中有
22.38% 表示"比较了解"和"完全了解"当前我国的税收法律与政策。
再次，就税负公平感知度而言，男性的税负不公平感明显高于女性，具
体而言，参与调查的女性中有 45.21% 认为当前我国对高收入者的征税
"非常低"和"比较低"，而参与调查的男性中有 62.58% 认为当前我国
对高收入者的征税"非常低"和"比较低"；参与调查的女性中有
31.40% 认为当前我国对高收入者的征税"合适"，而参与调查的男性中
仅有 20.75% 认为当前我国对高收入者的征税"合适"。最后，就税收本
质认知度而言，男性对税收本质的认知度也明显高于女性，具体而言，
参与调查的女性中有 26.72% 认为我国政府的税收"可能是"和"完全
是"取之于民，用之于民；而参与调查的男性中有 34.15% 认为我国政
府的税收"可能是"和"完全是"取之于民，用之于民。

　　第二，从不同年龄居民的税收认知度来看，居民的纳税感知度、税
收法律政策认知度、税负公平感知度和税收本质认知度在不同年龄段的
居民之间均存在显著的差异。首先，就纳税感知度而言，居民的纳税感
知度随着年龄的增长呈现逐步提高的趋势，具体而言，"18~34 岁"
"35~44 岁"和"45 岁以上"的受访者中分别有 19.18%、27.23% 和
35.64% 表示"比较了解"和"完全了解"自身的纳税情况。其次，就
税收法律政策认知度而言，居民的税收法律政策认知度也会随着年龄的
增长而逐步提高，具体而言，"18~34 岁""35~44 岁"和"45 岁以
上"的受访者中分别有 11.51%、20.10% 和 22.12% 表示"比较了解"
和"完全了解"当前我国的税收法律与政策。再次，就税负公平感知度

而言，居民的税负不公平感随着年龄的增长呈现逐渐上升的趋势，具体而言，"18～34岁""35～44岁"和"45岁以上"的受访者中分别有47.40%、54.96%和65.02%认为当前我国对高收入者的征税"非常低"和"比较低"。最后，就税收本质认知度而言，居民对税收本质的认知度会随着年龄的增长而逐步提高，具体而言，"18～34岁""35～44岁"和"45岁以上"的受访者中分别有26.30%、30.03%和37.96%认为我国政府的税收"可能是"和"完全是"取之于民，用之于民。

3.3.2 税收认知度在不同教育水平居民之间的差异

通常而言，个体的受教育水平会影响其社会认知水平，因此，居民的受教育水平会影响其对税收的认识、感知和理解程度。征税是国家为满足社会公共需要而依法强制参与国民收入分配的一种国家行为，其与公民的财产权密切相关，受教育水平较高的居民对税收本质的理解会更深刻，对国家税收法律政策的关注度也会更高，因此，不同受教育水平居民的税收认知度可能会存在差异。鉴于此，笔者从纳税感知度、税收法律政策认知度、税负公平感知度和税收本质认知度四个方面分析了税收认知度在不同受教育水平居民之间的差异，如表3-3所示。

表3-3　　　　　不同受教育水平居民税收认知度的差异　　　单位:%

指标	分类	教育水平		
		高中/中专及以下	大学本/专科	研究生及以上
纳税感知度	较低	57.80	35.65	35.33
	一般	27.06	34.62	34.13
	较高	15.14	29.73	30.54
税收法律政策认知度	较低	59.63	36.98	35.93
	一般	31.65	43.79	40.72
	较高	8.72	19.23	23.35

续表

指标	分类	教育水平		
		高中/中专及以下	大学本/专科	研究生及以上
税负公平感知度	较低	49.08	56.51	58.08
	合适	34.40	24.70	15.57
	较高	16.52	18.79	26.35
税收本质认知度	较低	44.95	38.61	44.31
	一般	24.31	29.44	28.14
	较高	30.74	31.95	27.55

　　注：为了便于对比分析，本表中纳税感知度与税收法律政策认知度"较低"是指"完全不了解"和"比较不了解"，纳税感知度与税收法律政策认知度"较高"是指"比较了解"和"完全了解"；税负公平感知度"较低"是指"非常低"和"比较低"，税负公平感知度"较高"是指"比较高"和"非常高"；税收本质认知度"较低"是指"完全不是"和"可能不是"，税收本质认知度"一般"是指"不确定"，税收本质认知度"较高"是指"可能是"和"完全是"。

　　从表 3 - 3 中可以看出，不同教育水平居民的纳税感知度、税收法律政策认知度和税负公平感知度均存在显著的差异，但是不同教育水平居民税收本质认知度的差异不明显。首先，就纳税感知度而言，随着教育水平的提高，居民的纳税感知度呈现上升的趋势，具有"大学本/专科"和"研究生及以上"受教育水平居民的纳税感知度明显高于"高中/中专及以下"受教育水平的居民，具体而言，"高中/中专及以下"受教育水平的受访者中仅有 15.14% 表示"比较了解"和"完全了解"自身的纳税情况，而"大学本/专科"和"研究生及以上"受教育水平的受访者中分别有 29.73% 和 30.54% 表示"比较了解"和"完全了解"自身的纳税情况。其次，就税收法律政策认知度而言，随着教育水平的提高，居民对税收法律政策的认知度也呈现上升的趋势，具体而言，"高中/中专及以下""大学本/专科"和"研究生及以上"受教育水平的受访者中分别有 8.72%、19.23% 和 23.35% 表示"比较了解"和"完全了解"当前我国的税收法律与政策。再次，就税负公平感知度而言，随着教育水平的提高，居民的税负不公平感也呈现上升的趋势，具体而言，

"高中/中专及以下""大学本/专科"和"研究生及以上"受教育水平的受访者中分别有49.08%、56.51%和58.08%认为当前我国对高收入者的征税"非常低"和"比较低"。最后，就税收本质认知度而言，不同受教育水平居民税收本质认知度的差异并不明显，其中"研究生及以上"受教育水平居民的税收本质认知度反而相对较低，具体而言，"高中/中专及以下"和"大学本/专科"受教育水平的受访者中分别有30.74%和31.95%认为我国政府的税收"可能是"和"完全是"取之于民，用之于民；而"研究生及以上"受教育水平的受访者中仅有27.55%认为我国政府的税收"可能是"和"完全是"取之于民，用之于民。

3.3.3 税收认知度在不同收入水平居民之间的差异

税负公平与量能负担的税收原则要求居民的税收负担与其收入水平相匹配，即"低收入者少纳税，中等收入者适当纳税，高收入者多纳税"。因此，居民的收入水平与其税收负担密切相关，这在很大程度上会影响居民的税收认知度。此外，纳税将直接导致居民家庭可支配收入的减少和购买力的下降，进而不同程度地影响居民的生活和消费水平，这在一定程度上也会影响居民的税收感知度。因此，不同家庭收入水平居民的税收认知度可能会存在一定的差异。有鉴于此，笔者从纳税感知度、税收法律政策认知度、税负公平感知度和税收本质认知度四个方面分析了税收认知度在不同家庭收入水平居民之间的差异，如表3-4所示。

表3-4　　　　　不同家庭收入水平居民税收认知度的差异　　　　单位:%

指标	分类	家庭年收入水平		
		8 万元以下	8 万~20 万元	20 万元以上
纳税感知度	较低	52.36	37.66	24.81
	一般	32.77	33.39	31.58
	较高	14.87	28.95	43.61

续表

指标	分类	家庭年收入水平		
		8 万元以下	8 万 ~ 20 万元	20 万元以上
税收法律政策认知度	较低	54.39	37.66	30.83
	一般	36.15	42.25	44.36
	较高	9.46	20.09	24.81
税负公平感知度	较低	51.69	58.86	45.86
	合适	31.42	22.63	24.06
	较高	16.89	18.51	30.08
税收本质认知度	较低	48.65	34.18	54.89
	一般	27.03	28.16	30.83
	较高	24.32	37.66	14.28

注：为了便于对比分析，本表中纳税感知度与税收法律政策认知度"较低"是指"完全不了解"和"比较不了解"，纳税感知度与税收法律政策认知度"较高"是指"比较了解"和"完全了解"；税负公平感知度"较低"是指"非常低"和"比较低"，税负公平感知度"较高"是指"比较高"和"非常高"；税收本质认知度"较低"是指"完全不是"和"可能不是"，税收本质认知度"一般"是指"不确定"，税收本质认知度"较高"是指"可能是"和"完全是"。

从表 3 - 4 中可以看出，居民的纳税感知度、税收法律政策认知度、税负公平感知度和税收本质认知度在不同家庭收入水平的居民之间均存在显著的差异。首先，就纳税感知度而言，随着居民家庭收入水平的提高，居民的纳税感知度呈现快速上升的趋势，高收入家庭居民的纳税感知度明显高于低收入家庭居民的纳税感知度，具体而言，家庭年收入在"8 万元以下""8 万 ~ 20 万元"和"20 万元以上"的受访者中分别有14.87%、28.95%和43.61%表示"比较了解"和"完全了解"自身的纳税情况。其次，就税收法律政策认知度而言，随着居民家庭收入水平的提高，居民的税收法律政策认知度呈现逐渐上升的趋势，具体而言，家庭年收入在"8 万元以下""8 万 ~ 20 万元"和"20 万元以上"的受访者中分别有9.46%、20.09%和24.81%表示"比较了解"和"完全了解"当前我国的税收法律与政策。再次，就税负公平感知度而言，中低收入家庭居民的税负不公平感高于高收入家庭居民，具体而言，家庭年收入在"8万元以下"和"8万~20万元"的受访者中分别有51.69%和58.86%认为当前我国对高收入者的征税"非常低"和"比较低"，而家庭年收入在"20万元以上"的受访者中有45.86%认为当前我国对高收入者的征税"非常低"和"比较低"。最后，就税收本质认知度而言，中等收入家庭居民对税收本质的认知度最高，而高收入家庭居民对税收本质的认知度最低，具体而言，家庭年收入在"8万~20万元"的受访者中有37.66%认为我国政府的税收"可能是"和"完全是"取之于民，用之于民；而家庭年收入在"20万元以上"的受访者中仅有14.28%认为我国政府的税收"可能是"和"完全是"取之于民，用之于民。

3.3.4 税收感知度在不同税种之间的差异

从理论上来讲，直接税与间接税的税收凸显性会存在一定的差异，直接税的税收凸显性会相对较高，而间接税的税收凸显性则相对比较低。因此，居民对直接税与间接税的税收感知度也可能会存在显著的差异。鉴于此，为了探讨居民的税收感知度在直接税和间接税之间是否存在显著的差异，笔者以个人所得税（直接税）和消费税（间接税）为例，调查分析了居民税收感知度在不同税种之间的差异，如表3-5所示。

表3-5　　　　　税收感知度在不同税种之间的差异　　　　单位:%

税收感知度	税率		计税方法	
	个人所得税	消费税	个人所得税	消费税
完全不了解	19.68	28.72	29.12	34.94
比较不了解	34.94	33.53	28.71	32.53
一般	29.92	24.70	28.91	25.30
比较了解	13.85	12.25	11.85	6.23
完全了解	1.61	0.80	1.41	1.00

从表 3 – 5 中可以看出，在"税率"和"计税方法"方面，居民对个人所得税与消费税的感知度均存在显著的差异。首先，就居民对个人所得税与消费税的税率感知度而言，居民对个人所得税的税率感知度相对高于消费税，具体而言，"完全不了解"消费税税率的受访者比"完全不了解"个人所得税税率的受访者高 9.04%；对个人所得税税率了解"一般"的受访者比对消费税税率了解"一般"的受访者高 5.22%；"完全了解"和"比较了解"个人所得税税率的受访者分别比"完全了解"和"比较了解"消费税税率的受访者分别高 0.81% 和 1.60%。其次，就居民对个人所得税与消费税计算方法的感知度而言，居民对个人所得税计算方法的感知度也相对高于消费税，具体而言，"完全不了解"消费税计算方法的受访者比"完全不了解"个人所得税计算方法的受访者高出 5.82%，"比较不了解"消费税计算方法的受访者比"比较不了解"个人所得税计算方法的受访者高出 3.82%，"比较了解"个人所得税计算方法的受访者比"比较了解"消费税计算方法的受访者高 5.62%，"完全了解"个人所得税计算方法的受访者比"完全了解"消费税计算方法的受访者高 0.41%。最后，需要说明的是，尽管居民对个人所得税的感知度相对高于消费税，但是，整体而言，中国居民对个人所得税和消费税的感知度普遍比较低。

3.4　本章小结

本章基于课题组通过问卷调查法采集的中国居民税收认知度的微观数据，从"纳税感知度""税收法律政策认知度""税负公平感知度"和"税收本质认知度"四个方面分析了中国居民税收认知度的现状，并通过分类描述统计，分析了税收认知度在不同性别、年龄、教育水平、家庭收入水平的居民之间和不同税种之间的差异。调查与分析结果发现，中国居民的"纳税感知度""税收法律政策认知度"和"税收本质认知度"普遍比较低，而居民的"税负不公平感"则整体偏高。此外，研究还发现，税收认知度在不同性别、年龄、教育水平、家庭收入水平的居民之间和不同税种之间存在一定的差异：第一，男性的"纳税感知度""税收法律政策认知度""税负不公平感"和"税收本质认知度"相对高于女性，并且居民的"纳税感知度""税收法律政策认知度""税负不公平感"以及对税收本质的认知度均会随着年龄的增长而提高。第二，随着教育水平的提高，居民的"纳税感知度""税收法律政策的认知度"和"税负不公平感"呈现上升的趋势，但是，"税收本质认知度"在不同受教育水平居民之间的差异并不明显。第三，随着居民家庭收入水平的提高，居民的"纳税感知度"和"税收法律政策认知度"呈现上升的趋势，但是，中低收入家庭居民的"税负不公平感"高于高收入家庭居民。第四，居民对个人所得税的感知度相对高于消费税，但是，整体而言，中国居民对个人所得税和消费税的感知度普遍比较低。

综上所述，当前我国居民的税收认知程度整体偏低，而且税收认知程度在不同性别、年龄、教育水平和家庭收入水平的居民之间均存在显著的差异。在当前深化财税体制改革的背景下，为提高我国居民的税收认知程度，从短期来看，税务机关要加强对税收法律政策与税务知识的宣传，并逐步提高其纳税服务水平；而从长期来看，我国需要进一步推进个人所得税与消费税制度的改革，并逐步优化税制结构，从而提高我国居民的纳税遵从行为和有效发挥消费税调节居民消费行为的作用。

第4章 税收凸显性对居民
消费支出的影响

在现实的社会经济生活中，消费决策是居民生活中最为常见的经济决策。从经济学的视角来看，居民的消费不仅是社会生产的目的，也是促进国民经济增长的重要手段。税收凸显性会通过影响居民的纳税感知度进而影响居民的行为决策，那么，税收凸显性会对居民的消费支出决策产生怎样的影响呢？为了回答这一重要问题，本章以个人所得税与消费税为例，利用中国2001~2014年的省级面板数据，实证分析税收凸显性对居民消费支出的具体影响。

4.1 引言

改革开放以来，我国的经济取得了飞速的发展，创造了世界经济增长的奇迹。但是，自2008年以来，由于受国际金融危机的影响，国外市场的需求急速下降，从而严重制约了我国出口贸易的发展。同时，由于前几年国内固定投资的不断增加，致使我国的产能过剩问题比较严重，在化解产能过剩的背景下，投资也受到了一定的抑制。这一国内外严峻的宏观经济形势为我国经济的可持续增长带来了巨大的挑战，因此，在当前经济发展新常态的背景下，长期以来备受关注的扩大内需、刺激消费问题，再次引起了我国政府与学术界的高度关注与重视，如何扩大内需、刺激消费成为当前促进我国经济增长方式转变与国民经济持续增长的关键。从经济学的视角来看，消费不仅是生产的目的，也是促进经济增长和改善民生的重要手段。因此，深入研究影响我国居民消费支出的因素与提高居民消费支出水平的对策具有重要的现实意义。

居民是最重要的消费主体，因此，要探究影响我国居民消费支出的因素以及如何提高居民的消费支出水平，必须从研究居民的消费行为入手。在消费习惯等诸多影响居民消费行为的因素中，税收无疑是影响居民消费行为的重要因素之一。在有关税收对居民消费行为影响的研究方面，当前国内学者已经做了诸多有益的探讨。但是，纵观国内的文献，大多是从税收负担、财税政策、民生支出、个人所得税等角度去解释税收对城镇居民或者农村居民消费行为的影响。然而，在现实的社会经济生活中，由于税收的征收与计算方式的不同，居民对不同种类税收的察觉与感知程度会有所差异，这在很大程度上可能会影响居民消费行为的选择。

近年来，针对这一问题，Chetty（2009）等部分国外学者逐渐开始从税收凸显性的角度来解释税收对居民消费行为的影响，国外学者的研究表明，税收的凸显程度会直接影响人们对于税收的察觉和理解，并进而影响人们的行为决策。如 Chetty 等（2009）在一家杂货店对销售税的凸显性效应进行了实验研究，研究发现，由于将税收张贴到商品价格中显著提高了税收的凸显性，从而导致商品的需求量降低了 8 个百分点。Feldman 和 Ruffle（2012）的实验研究结果也表明，实验参与人在税收凸显性程度较低的情况下所购买的商品显著多于税收凸显性程度较高的情况。然而，当前国内关于税收凸显性对居民消费行为影响研究的文献则较为少见，此外，无论是在税制结构方面，还是在居民的税收意识方面，我国与欧美发达国家都存在显著的差异。为此，本章将在借鉴国外学者研究的基础上，以个人所得税与消

费税为例，从税收凸显性的视角出发，考察税收凸显性对中国居民消费支出
的影响，以期为中国政府当前的税制改革提供经验证据和政策建议。

4.2　理论分析与研究假设

在研究税收及其经济效应时，以往的研究均隐含一个基本假设，即
在进行经济行为选择时，假设个体对相关税收的信息是完全的，换而言
之，假设税收是完全凸显的。在这一假设条件下，个体不仅能够完全察
觉真实税负，而且能够据此作出最优的行为决策（Mirrless，1971；At-
kinson and Stiglitz，1976）。然而，在现实生活中，由于受到税制复杂性
与居民税收意识的影响，税收往往不是完全凸显的，居民对税收的察觉
也往往是不完全的，他们会低估或者误解产生于经济行为中的相关税
收。如 2012 年江西财经大学的一项问卷调查结果显示，针对"是否知
道所购买的商品、享受的劳务价款中包含了税收"的问题，仅有 23.2%
的人表示知道价款中包含税收，有 35.8% 的人明确表示不知道，还有
41.1% 的人表示不太清楚，而受访人群中大专以上文化程度的占 48.11%
（席卫群，2013）。2015 年华中科技大学财税研究课题组进行的一项关于居
民税收感知度的调查发现：在被调查的 1624 个有效样本中，27.89% 和
22.84% 的居民表示"完全不了解"和"比较不了解"自己的纳税情况，
而"比较了解"和"完全了解"自己纳税情况的居民仅占 17.55% 和
4.25%。由此可见，现实生活中的税收并非是完全凸显的，在现行税制
下，整体而言，当前中国居民对税收的认知与察觉程度依然比较低。

事实上，早在 1848 年，Mill（穆勒）就在其著作《政治经济学原
理》中指出，与直接税相比，间接税的可见性较低，不易被纳税人察
觉。因此，间接税的税收负担会被低估，其凸显性程度要明显低于直接
税（Finkelstein，2009）。为此，本章选择中国直接税的典型代表个人所

得税与间接税的典型代表消费税作为研究对象。同时还需要说明的是，之所以选择二者作为研究对象，主要还基于以下两点考虑：第一，中国个人所得税与消费税占税收总收入的比例大体相当，因此，整体而言，中国居民个人所得税的人均税负与消费税的人均税负差异不大。第二，个人所得税的税负与消费税的税负最终均是由居民承担。

传统的经济理论认为，收入水平是居民家庭消费决策的硬约束条件，但是税收负担通过收入效应影响居民的消费行为，即居民承担税收负担会导致其可支配收入的减少，进而影响居民的商品购买量。比如，提高个人所得税税负会直接减少居民家庭的可支配收入；而提高消费税税负会提高商品价格，增加家庭的购买支出，从而间接地降低居民家庭的实际收入水平。因此，从理论上来讲，个人所得税税负与消费税税负对居民的消费行为会产生同样的影响。但是，由于受到税制复杂性与居民税收意识的影响，直接税比间接税具有更高的税收凸显性，所以居民对个人所得税与消费税的认知与察觉程度会有所差异，因此，它们对消费者行为的选择可能会产生不同的影响。

基于上述分析，本章作出如下假设：由于个人所得税与消费税的税收凸显性存在差异，因此，个人所得税与消费税会对居民的消费支出产生不同的影响。具体而言，个人所得税的税收凸显性相对比较高，居民的税收感知度也相对更高，因此，与消费税相比，个人所得税对居民消费支出的影响可能会更大。

4.3 计量模型与数据说明

4.3.1 计量模型

本章采用的是中国 2001 ~ 2014 年 30 个省（自治区、直辖市）的面板数据（样本中不包括香港、澳门、台湾与西藏的数据），在处理面板数据时，研究者通常选择固定效应模型或随机效应模型。固定效应模型与随机效应模型的根本区别在于个体效应是否与其他解释变量相关，因此，可以通过检验个体效应 δ_i 是否与其他解释变量相关进行模型的选择。为此，遵循通常的做法，采用 Hausman 检验的方法进行模型的选择。Hausman 检验的结果表明，随机效应模型的基本假设 $Corr(\delta_i, x) = 0$ 无法得到满足。因此，在综合考虑现有研究文献的基础上，选择以下固定效应模型实证分析税收凸显性对居民消费支出影响的需要，具体的计量模型设定为：

$$\ln(PCE_{it}) = \alpha_0 + \alpha_1 \ avinctax_{it} + \beta X_{it} + \delta_i + \varepsilon_{it} \qquad (4.1)$$

$$\ln(PCE_{it}) = \alpha_0 + \alpha_1 \ avcontax_{it} + \beta X_{it} + \delta_i + \varepsilon_{it} \qquad (4.2)$$

其中，PCE_{it} 为第 i 个省（自治区、直辖市）第 t 年的居民人均消费支出；$avinctax_{it}$ 为第 i 个省（自治区、直辖市）第 t 年个人所得税的人均税负，$avcontax_{it}$ 为第 i 个省（自治区、直辖市）第 t 年消费税的人均税负，是本章的核心解释变量；X_{it} 为一组控制变量，主要包括人均可支配收入、财政民生支出水平、城市化水平、城镇登记失业率和人口抚养比；下标 $i = (1, 2, \cdots, 30)$ 表示 30 个省（自治区、直辖市）的样本，$t = (2001, \cdots, 2014)$ 表示考察的时间段；δ_i 表示不随时间变化的地区固定效应；ε_{it} 表示与解释变量无关的随机误差项。

4.3.2　指标选取与变量定义

本章的被解释变量是居民人均消费支出。居民人均消费支出是基于城镇居民人均消费支出与农村居民人均消费支出，并根据城镇人口比重与农村人口比重进行加权计算所得。核心解释变量是"税收凸显性"，但是，由于税收凸显性难以准确度量，为了实证研究的需要，鉴于中国个人所得税与消费税的税收凸显性存在显著差异，选择用个人所得税与消费税来区分税收凸显性。具体而言，在实证分析中选择的核心解释变量是"人均个人所得税税负"（*Inctax*）与"人均消费税税负"（*Contax*），并且分别采用各地区个人所得税与消费税的总收入除以各地区年末总人口计算得到"人均个人所得税税负"与"人均消费税税负"，此外，由于青岛、大连、宁波、厦门和深圳5个税收单列市的税收数据没有包含在相应省份的税收数据中，因此，在处理数据时将其加入相应的省份中。另外，基于国内外学者现有研究的基础，在具体实证分析的过程中，还加入了以下控制变量：人均可支配收入、民生支出水平、城市化率、失业率和人口抚养比。具体而言：（1）人均可支配收入（*Income*），是在城镇居民人均可支配收入与农村居民人均可支配收入的基础上，根据城镇人口比重和农村人口比重进行加权计算所得；（2）民生支出水平（*Welfare*），是指各地区教育、医疗、社会福利支出占各地区财政总支出的比重；（3）城市化率（*Urban*），是各地区非农业人口占总人口的比重；（4）失业率（*Unemploy*），由于受到数据的限制，遵循通常的做法，采用城镇登记失业率来替代；（5）抚养比（*Raise*），是指少儿抚养比和老人抚养比的总和。

4.3.3 数据来源与统计描述

本章采用的数据主要来源于EPS全球统计数据/分析平台的中国宏观经济数据库（年度分地区）《中国统计年鉴》《中国人口和就业统计年鉴》《中国税务年鉴》和《中国财政年鉴》。数据样本中不包括香港、澳门与台湾的数据，由于西藏的数据缺失的比较多，所以也将其予以剔除，因此，使用的数据实际是中国2001~2014年30个省份的面板数据。表4-1报告了各主要变量数据的描述性统计结果，图 4 - 1 报告了 2001 ～ 2014 年中国个人所得税与消费税的收入情况。

表 4 -1 　　　　　　　　　**主要变量的描述性统计结果**

变量名称	样本数	最小值	最大值	均值	标准差
居民人均消费支出/元	420	1859	33065	7730	5039
城镇居民人均消费支出/元	420	3895	35182	10935	5258
人均个人所得税税负/元	420	22.86	4312	360.90	605.50
人均消费税税负/元	420	12.74	4310	395.40	568.30
人均可支配收入/百元	420	23.80	459.70	106.20	72.02
民生支出水平/%	420	19.50	43.23	32.98	4.84
城市化率/%	420	14.93	90.32	36.44	16.35
失业率/%	420	1.20	6.50	3.66	0.70
抚养比/%	420	19.27	57.58	37.34	7.19

从表 4 - 1 的描述性统计结果中可以看出，各地区的居民人均消费支出和城镇居民人均消费支出之间均存在较大的差异，居民人均消费支出的最大值和最小值分别为 33065 元和 1859 元，城镇居民人均消费支出的最大值和最小值分别为 35182 元和 3895 元；各地区的人均个人所得税税负与人均消费税税负也均存在较大的差异，人均个人所得税税负的最大值和最小值分别为 4312 元和 22.86 元，人均消费税税负的最大值和最小值分别为 4310 元和 12.74 元。此外，从表 4 - 1 的统计性描述中还可以看出，人均可支配收入、民生支出水平、城市化率、失业率和抚养比指标同样也都存在着较大的差异。从图 4 - 1 可以看出，整体而言，2001 ～ 2014 年中国个人所得税与消费税收入的差异并不是很大。

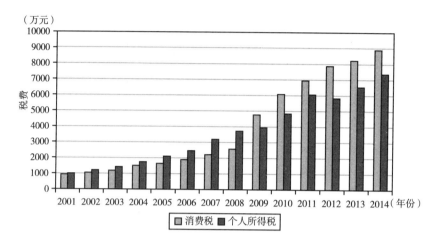

图 4 - 1   2001 ~ 2014 中国个人所得税与消费税收入情况

资料来源:《中国税务年鉴》(2002 ~ 2015)。

4.4   实证分析结果与讨论

为检验税收凸显性对居民消费支出的影响,本章以居民人均消费支出为被解释变量,并分别以个人所得税人均税负和消费税人均税负为核心解释变量,在控制人均可支配收入、民生支出水平、城市化水平、城镇登记失业率和人口抚养比的情况下,采用固定效应模型对省级面板数据进行回归分析。为了使回归结果更为稳健可信,在具体分析的过程中采用逐步加入控制变量的方法。此外,为了对回归结果进行稳健性再检验,又以城镇居民人均消费支出为被解释变量做了进一步的回归分析。

4.4.1   基本回归结果

表 4 - 2 报告了个人所得税对居民消费支出影响的固定效应模型估

计结果。从核心解释变量的估计结果来看，模型（1）、模型（2）、模型（3）、模型（4）、模型（5）中"人均个人所得税税负"的系数均在5%的显著性水平上显著为负，即人均个人所得税税负的提高对居民消费支出具有负向的影响。其中，模型（1）估计的是在控制居民人均可支配收入的情况下，人均个人所得税税负对居民消费支出的影响，其系数为 −0.0003；模型（2）是在模型（1）的基础上同时控制了民生支出水平后，人均个人所得税税负对居民消费支出的影响，其系数为 −0.0003；模型（3）是在模型（2）的基础上又控制了城市化水平后，人均个人所得税税负对居民消费支出的影响，其系数依然为 −0.0003；模型（4）是在模型（3）的基础上又控制了城镇登记失业率后，人均个人所得税税负对居民消费支出的影响，其系数仍然为 −0.0003；模型（5）是在模型（4）的基础上进一步控制了人口抚养比后，人均个人所得税税负对居民消费支出的影响，其系数同样为 −0.0003。由此可见，本章所关注的第一个核心解释变量"人均个人所得税税负"的估计结果是比较稳健的，这验证了个人所得税作为直接税，由于税收凸显性比较高，会直接影响居民消费支出的假设。从具体估计系数来看，人均个人所得税的税负每提高1元，会导致居民的人均消费支出平均减少约0.03%。

表4-2　　居民消费支出对个人所得税的固定效应模型回归结果

解释变量	被解释变量：居民人均消费支出				
	（1）	（2）	（3）	（4）	（5）
Inctax	−0.0003 ** (0.0001)	−0.0003 ** (0.0001)	−0.0003 ** (0.0001)	−0.0003 ** (0.0001)	−0.0003 ** (0.0001)
Income	0.0095 *** (0.0011)	0.0083 *** (0.0011)	0.0074 *** (0.0012)	0.0072 *** (0.0013)	0.0069 *** (0.0013)
Welfare		0.0243 *** (0.0047)	0.0224 *** (0.0043)	0.0230 *** (0.0046)	0.0199 *** (0.0040)
Urban			0.0196 *** (0.0062)	0.0198 *** (0.0062)	0.0151 *** (0.0054)

续表

解释变量	被解释变量：居民人均消费支出				
	(1)	(2)	(3)	(4)	(5)
Unemploy				−0.0381 (0.0510)	−0.0333 (0.0438)
Raise					−0.0153 * (0.0079)
Constant	7.8728 *** (0.0810)	7.1947 *** (0.1123)	6.6333 *** (0.2231)	6.7629 *** (0.2507)	7.6229 *** (0.4304)
N	420	420	420	420	420
F − statistic	67.24	107.59	85.87	72.82	64.16
R^2	0.8361	0.8580	0.8692	0.8698	0.8763

注：（1）括号内为稳健标准误。
（2）*** 、** 、* 、分别表示在1%、5%和10%的显著性水平上显著。

此外，从表4-2模型（5）中的控制变量来看，居民人均可支配收入变量的估计系数在1%的显著性水平上显著为正，这表明，人均可支配收入对居民消费支出具有正向的影响，即居民的人均消费支出会随着人均可支配收入的增长而提高。民生支出水平和城市化水平变量的估计系数也均在1%的显著性水平上显著为正，这表明，民生支出水平和城市化水平对居民消费支出具有正向的影响，即财政民生支出水平和城市化水平的提高，可以在一定程度上促进居民消费支出的增长。

表4-3报告了消费税对居民消费支出影响的固定效应模型估计结果。从核心解释变量的估计结果来看，模型（6）、模型（7）、模型（8）、模型（9）、模型（10）中"人均消费税税负"的系数都非常小并且均不显著，即人均消费税税负对居民消费支出的影响不显著。其中，模型（6）估计的是在控制居民人均可支配收入的情况下，人均消费税税负对居民消费支出的影响；模型（7）、模型（8）、模型（9）、模型（10）是在模型（6）的基础上逐步控制了民生支出水平、城市化率、失业率和抚养比后，人均消费税税负对居民消费支出的影响，其系数都非

常小且均不显著。这说明在控制居民人均可支配收入、民生支出水平、城市化率、失业率和抚养比等因素后，本章所关注的第二个核心解释变量"人均消费税税负"的估计结果也是比较稳健的。这验证了消费税作为间接税，由于税收凸显性比较低，其对居民消费支出的影响不显著的假设。

表4-3　　居民消费支出对消费税的固定效应模型回归结果

解释变量	被解释变量：居民人均消费支出				
	(6)	(7)	(8)	(9)	(10)
Contax	-0.0002 (0.0002)	-0.0001 (0.0002)	-0.0001 (0.0002)	-0.0001 (0.0002)	-0.0001 (0.0002)
Income	0.0092 *** (0.0013)	0.0078 *** (0.0014)	0.0068 *** (0.0016)	0.0066 *** (0.0017)	0.0065 *** (0.0016)
Welfare		0.0239 *** (0.0051)	0.0225 *** (0.0046)	0.0233 *** (0.0049)	0.0191 *** (0.0046)
Urban			0.0182 ** (0.0069)	0.0185 ** (0.0070)	0.0125 * (0.0065)
Unemploy				-0.0566 (0.0551)	-0.0517 (0.0475)
Raise					-0.0184 ** (0.0087)
Constant	7.8664 *** (0.1003)	7.2097 *** (0.1271)	6.6835 *** (0.2361)	6.8784 *** (0.2702)	7.9260 *** (0.5075)
N	420	420	420	420	420
F - statistic	46.82	67.91	63.24	57.77	46.43
R^2	0.8219	0.8424	0.8520	0.8533	0.8625

注：（1）括号内为稳健标准误。

（2）***、**、*分别表示在1%、5%和10%的显著性水平上显著。

4.4.2 稳健性检验

为了进一步检验上述估计结果的稳健性，特别是税收凸显性对居民消费支出影响的稳健性，本章主要做了如下稳健性分析，鉴于中国城市的社会经济发展水平与农村之间存在较大差异，以及中国税收征管体制和征管的现状，个人所得税的主要纳税人可能是城镇居民，消费税的主要税负承担者也可能是城镇居民，因此，又以城镇居民人均消费支出为被解释变量进行了再次回归分析，具体估计结果如表 4 - 4 所示。

表 4 - 4　　　　　　　　　稳健性检验估计结果

解释变量	被解释变量：城镇居民人均消费支出					
	(11)	(12)	(13)	(14)	(15)	(16)
Inctax	−0.0002 ** (0.0001)		−0.0002 ** (0.0001)		−0.0002 ** (0.0001)	
Contax		−0.0001 (0.0001)		−0.0001 (0.0001)		−0.0001 (0.0001)
Income	0.0079 *** (0.0008)	0.0076 *** (0.0011)	0.0063 *** (0.0009)	0.0057 *** (0.0012)	0.0059 *** (0.0010)	0.0055 *** (0.0013)
Welfare			0.0189 *** (0.0032)	0.0191 *** (0.0034)	0.0165 *** (0.0030)	0.0160 *** (0.0033)
Urban			0.0144 *** (0.0047)	0.0135 ** (0.0053)	0.0102 ** (0.0040)	0.0083 * (0.0048)
Unemploy					−0.0238 (0.0324)	−0.0378 (0.0356)
Raise					−0.0141 ** (0.0059)	−0.0163 ** (0.0065)
Constant	8.4381 *** (0.0629)	8.4353 *** (0.0789)	7.4577 *** (0.1652)	7.4913 *** (0.1702)	8.3438 *** (0.3045)	8.5684 *** (0.3681)
N	420	420	420	420	420	420
F − statistic	80.37	54.85	117.56	88.82	93.05	64.25
R^2	0.8521	0.8385	0.8827	0.8671	0.8911	0.8786

注：（1）括号内为稳健标准误。

　　（2）*** 、** 、* 、分别表示在 1%、5% 和 10% 的显著性水平上显著。

　　表 4-4 报告了以城镇居民人均消费支出为被解释变量进行稳健性检验的估计结果。模型（11）、模型（12）分别估计的是在控制居民人均可支配收入的情况下，人均个人所得税税负和人均消费税税负对居民消费支出的影响；模型（13）、模型（14）是在模型（11）、模型（12）的基础上又控制了民生支出水平和城市化水平后，分别估计了人均个人所得税税负和人均消费税税负对居民消费支出的影响；模型（15）、模型（16）是在模型（13）、模型（14）的基础上进一步控制了城镇登记失业率和人口抚养比后，分别估计了人均个人所得税税负和人均消费税税负对居民消费支出的影响。从表 4-4 的估计结果中可以看出，"人均个人所得税税负"变量的估计系数在模型（11）、模型（13）、模型（15）中均在 5% 的显著性水平上显著为负。这表明，人均个人所得税税负对城镇居民的消费支出具有显著的负向影响，这与表 4-2 中的估计结果是基本一致的。此外，"人均消费税税负"变量的估计系数在模型（12）、模型（14）、模型（16）中都非常小并且均不显著，表明人均消费税税负对城镇居民消费支出的影响较弱并且不显著，这与表 4-3 中的估计结果是基本一致的。由此可见，本章中的估计结果是比较稳健的。

4.5　本章小结

　　本章以个人所得税与消费税为例，利用中国 2001~2014 年的省级面板数据，实证分析了税收凸显性对居民消费支出的具体影响。研究结论表明：个人所得税作为直接税，由于税收凸显性较高，税负的高低会直接影响居民的消费支出，个人所得税税负与居民的消费支出呈现显著的负相关关系。消费税作为间接税，其税收凸显性本身就低于直接税，加之当前我国消费税的计税方式实行的是价内计税，以及当前我国居民对税收的整体认知意识与察觉能力普遍不高，所以人均消费税税负对居民消费支出的影响较弱且不显著。此外，居民的可支配收入水平、民生支出水平与城市化水平等均是影响居民消费支出的重要因素。

在当前深化财税体制改革的背景下，本章的研究结论对当前的税制改革有如下政策启示：第一，鉴于个人所得税税负对居民的消费支出具有显著的负效应，以及当前我国个人所得税税收收入主要来源于工薪阶层的中低收入者的现状。要有效扩大内需、刺激消费，尤其是提高广大工薪阶层的中低收入者的消费水平，必须进一步完善我国的个人所得税税制，降低中低收入者的个人所得税税负。第二，消费税的计税方式会直接影响消费税的凸显性，进而影响居民消费行为的选择，因此，为了实现消费税引导合理消费的目的，对于高档奢侈品以及高污染产品可以逐步实行价外计税。同时，为了实现消费税调节生产结构与引导合理消费的目的，应进一步扩大消费税的征收范围，逐步将高耗能、高污染产品以及高档家具、高档服装等高档奢侈品纳入消费税征税范围。

第5章 税收凸显性对居民消费行为的影响

税收是国家干预和调节社会经济的重要手段和工具，因此，从理论上来讲，国家可以通过征收消费税来调节居民的消费结构、引导居民的消费行为。但是，长期以来，中国的消费税并没有发挥其在调节居民消费结构、引导居民消费行为和矫正负外部性方面应有的功能和作用，那么，其原因究竟是什么呢？为了深入探讨和解答这一重要问题，本章在探讨消费税凸显性影响居民消费行为机理的基础上，以卷烟和白酒消费为例，利用情景模拟的组间实验，实证分析了消费税凸显性对居民消费行为的影响。

5.1 引言

近年来，随着消费税税收入的不断增长，消费税在组织财政收入方面发挥了积极的作用，为国家财政收入的增长作出了较大的贡献。但是，消费税在调节居民消费结构、引导居民消费行为和矫正负外部性等方面并没有发挥其应有的功能和作用。以烟草消费税为例，自1994年开征烟草消费税至今，中国的卷烟销售量一直没有下降，反而

呈现持续上升的趋势，《中国烟草年鉴》的统计数据显示，1994～
2014年中国的卷烟销售量约由3028万箱增长至5099万箱，与此同
时，烟草消费所导致的公共卫生问题和负外部性问题也日益严重。
《2015中国成人烟草调查报告》显示：当前我国的吸烟人数高达3.16
亿人，男性吸烟率高达52.1%，且吸烟者平均每天吸烟15.2支，这导
致我国每年约140万人死于烟草相关的疾病。世界卫生组织预测，如果
中国的吸烟率不下降，每年烟草相关的死亡人数到2050年将增至300万
人，同时，7.4亿非吸烟者（其中1.8亿为儿童）的健康受到二手烟的
严重危害。

　　税收是调节居民消费行为的有效手段之一，因此，为了有效调节
烟民的烟草消费行为，降低烟民的烟草消费需求，世界各国普遍采用
了征收和提高烟草税的策略来控制烟草消费。近年来，欧美等发达国
家的实践已经表明，提高烟草税是一种以较低成本即可抑制烟草需求、
挽救生命、促使更多资金用于加强卫生服务的方法（WHO，2015）。
中国政府为了有效控制烟草消费需求，降低烟草消费的危害，也采用
了"以税控烟"的策略，并且自1994年开征烟草消费税以来，国家
多次上调了烟草消费税的税率，以提高烟草消费税的税负。但是，长
期以来，中国卷烟的销售量不但没有下降，反而一直呈现持续上升的
趋势。那么，为什么这种"以税控烟"的策略在发达国家产生了良
好的效果，而在中国却未能有效调节烟民的烟草消费行为，并控制
烟民的烟草消费需求呢？因此，深入探讨和研究消费税影响居民消
费行为的途径和机制，对于解释中国"以税控烟"失效之谜，以及
有效发挥消费税调节居民消费行为和矫正负外部性的功能具有重要
的现实意义。

　　国内外学者在以往研究税收的经济效应时，通常假设个体在进行经
济行为选择时对相关的税收信息是完全知道的，并且能够据此作出最优
的行为决策（Atkinson and Stiglitz，1976；Mirrlees，1971）。但是，在行

为经济学兴起与发展的过程中，国外的学者发现，由于环境的复杂性和个体认知能力的有限性，个体并不是完全理性的（Tversky and Kahneman，1974，1979；Simon，1956），因此，个体并不能完全察觉和理解全部税收（李春根和徐建斌，2015），也不可能完全作出最优的行为决策。近年来，针对这一问题，Chetty，Looney 和 Kroft（2009）等国外学者提出"税收凸显性"（taxsalience）这一概念，并开始从税收凸显性的视角分析与研究税收对居民消费行为影响的问题。国外学者的研究发现，税收凸显性会直接影响人们对于税收的察觉和感知程度，并进而影响人们经济行为的选择。如 Chetty 等（2009）在一家杂货店的实验研究发现，将销售税张贴到商品的价格标签中后，由于商品销售税凸显性的提高，商品的需求量下降了 8%，此外，他们还发现，由于消费税的凸显性高于销售税的凸显性，与增加销售税相比，增加消费税更能有效减少消费者对酒的消费。Goldin 和 Homonoff（2013）以烟草税凸显性为例的实证研究发现，税收凸显性较高的烟草消费税会对所有烟草消费者的消费行为产生影响，而税收凸显性较低的烟草销售税仅仅会对低收入烟草消费者的消费行为产生影响。然而，当前国内学者对税收凸显性的研究尚处于起步阶段，仅有极少数学者从税收凸显性的理论基础、影响因素和政策效应，以及研究方法与研究角度等方面归纳总结了国外学者关于税收凸显性的研究成果。

综上所述，当前国外学者就税收凸显性对居民消费行为的影响问题进行了有益的探讨与实证研究，但是，国内学者直接就税收凸显性对居民消费行为影响问题而进行的相关研究则依然相当匮乏。此外，国内消费税的税制设计以及居民的税收意识与国外相比均存在显著的差异。因此，在当前新一轮深化财税体制改革，推进消费税改革的背景下，从微观角度深入探讨消费税凸显性对居民消费行为的影响，对于通过消费税改革来实现其调节居民消费结构和矫正负外部性效应的功能具有重要的借鉴意义。有鉴于此，本章将在探讨消费税凸显性影响居民消费行为机理的基础上，以卷烟和白酒消费为例，采用情景模拟的组间实验和 Ordered Probit 模型，实证分析消费税凸显性对居民消费行为的影响，以期为中国当前的消费税改革提供经验借鉴和参考。

5.2 机 理 分 析 与 研 究 假 设

5.2.1 理论分析

为了阐述消费税凸显性影响居民消费行为的机理，基于新古典消费决策理论，假设在政府不征税的情况下，居民对商品 z 的消费需求仅取决于居民的收入水平 i 和商品 z 的价格 p_z，并假设商品 z 完全富有需求弹性。基于上述假设，可以得到居民对商品 z 的基本需求函数，具体如公式（5.1）所示。

$$Q_z^D = f(p_z, i) \tag{5.1}$$

为了分析消费税凸显性对居民消费行为影响的需要，本书进一步假设政府对商品 z 征收消费税 e，且 e 为从价税。因此，居民在购买商品 z 时需要承担额外的消费税 e，假设消费税可以采用价内征税和价外征税两种不同的征税方式，假设价内征税的税率为 e_t，价外征税的税率为 e_s，且价内征税与价外征税的税率相等，$e_t = e_s$。假设商品 z 在价内征税方式下的税后价格为 q_z^{in}，在价外征税方式下的税后价格为 q_z^{ex}，基于上述假设，可以得到商品 z 在不同征税方式下的税后价格是相等的，具体如公式（5.2）所示。

$$\left[q_z^{in} = p_z(1 + e_t) \right] = \left[q_z^{ex} = p_z(1 + e_s) \right] \tag{5.2}$$

根据商品 z 的税前价格和税后价格，可以计算出在价内征税和价外征税方式下，居民购买商品 z 时需要承担的消费税税负 T_z 是相等的，具体如公式（5.3）所示。

$$T_z = \left[(q_z^{in} \, q_z^{ex} - p_z) = p_z \cdot e_t \right] = \left[(q_z^{ex} - p_z) = p_z \cdot e_s \right] \qquad (5.3)$$

考虑到居民在购买商品 z 时需要承担消费税 T_z，假设价内征税时居民对商品 z 的需求量为 $Q_z^{D_{in}}$，价外征税时对商品 z 的需求量为 $Q_z^{D_{ex}}$，那么，在公式（5.1）的基础上，可以得到在价内征税和价外征税的不同方式下，居民对商品 z 在含消费税价格时的需求函数，具体如公式（5.4）和公式（5.5）所示。

$$Q_z^{D_{in}} = f[p_z(1 + e_t), i] = f(q_z^{in}, i) \qquad (5.4)$$

$$Q_z^{D_{ex}} = f[p_z(1 + e_s), i] = f(q_z^{ex}, i) \qquad (5.5)$$

新古典主义理论认为，政府在设计税制时，无论选择价内征税还是价外征税均不会影响居民的福利效用，因为居民在购买商品 z 时完全知道且可以准确计算商品 z 的价格中所包含的全部税收（Goldin and Homonoff，2013），即居民在购买商品 z 时，对商品 z 的税收信息 T_z 是完全知道的（即税收是完全凸显的），并且能够作出最优的消费行为决策。假设价内征税时消费者的需求弹性为 $E_d^{q_z^{in}}$，价外征税时消费者的需求弹性为 $E_d^{q_z^{ex}}$，根据新古典主义的这一理论假设和本书的上述基本假设，在公式（5.4）和公式（5.5）的基础上，可以计算出在价内征税和价外征税的不同税制设计下，居民对商品 z 的需求弹性是相等的，具体如公式（5.6）所示。

$$\left(E_d^{q_z^{in}} = \frac{\partial Q_z^{D_{in}}}{\partial q_z^{in}} \cdot \frac{q_z^{in}}{Q_z^{D_{in}}} \right) = \left(E_d^{q_z^{ex}} = \frac{\partial Q_z^{D_{ex}}}{\partial q_z^{ex}} \cdot \frac{q_z^{ex}}{Q_z^{D_{ex}}} \right) \qquad (5.6)$$

然而，20世纪70年代以来，随着行为经济学和前景理论的兴起与发展，新古典主义消费理论开始受到越来越多的质疑（方福前和俞剑，2014）。事实上，在现实的经济生活中，只有当商品 z 的消费税采取价外征税时，由于其税收凸显较高，居民才可以了解到商品 z 的真实价格（税前价格）p_z 和自己所承担的税收负担 $T_z = p_z \cdot e_s$，并据此作出最优的消费决策，以实现自身福利效用的最大化。但是，当商品 z 的消费税采取价内征税时，居民在决定是否购买商品 z 时，其看到商品 z 的价格实际是税后价格 $q_z^{in} = p_z(1 + e_t)$，如果居民想知道商品 z 的真实价格（税前价格）p_z 和自己承担的税收负担 $T_z = p_z \cdot e_t$，其必须知道商品 z 的消费税税率 e_t 和消费税的计算方法。但是，由于税制结构的复杂性和居民税收认知水平的有限性，以及价内征税方式的隐蔽性，当商品 z 采用价内征税的方式时，绝大多数居民将无法察觉和感知到商品 z 的税后价格 q_z^{in} 中所包含的税收 $T_z = p_z \cdot e_t$。假设商品 z 采用价内征税方式时的税收凸显性为：S_z^{in}，采用价外征税方式时的税收凸显性为：S_z^{ex}，基于上述分析，可以得出价内征税时消费税的凸显性低于价外征税时消费税的凸显性，具体如公式（5.7）所示。

$$S_z^{in} < S_z^{ex} \tag{5.7}$$

在消费税凸显性较高的情境下，居民能够更充分地察觉和感知到购买商品 z 时需要承担的消费税，尤其当商品 z 消费税的税负 T_z 比较重时，理性的消费者为了实现自身福利效用的最大化，在很大程度上会调整自己的消费行为决策，减少对商品 z 的消费需求，因此，在税收凸显性较高的情境下，消费者对商品 z 的需求弹性会更大。此外，Chetty 等（2009），Finkelstein（2009），Feldman 和 Ruffle（2012），Goldin 和 Homonoff（2013）等国外学者的最新研究也证实了上述推论的正确性。因此，根据公式（5.7）和上述分析，可以得出价内征税时居民对商品 z 的需求弹性小于价外征税时居民对商品 z 的需求弹性，具体如公式（5.8）所示。

$$\left(E_d^{q_z^{in}} = \frac{\partial Q_z^{D_{in}}}{\partial q_z^{in}} \cdot \frac{q_z^{in}}{Q_z^{D_{in}}} \right) < \left(E_d^{q_z^{ex}} = \frac{\partial Q_z^{D_{ex}}}{\partial q_z^{ex}} \cdot \frac{q_z^{ex}}{Q_z^{D_{ex}}} \right) \tag{5.8}$$

综上分析，本书可以得出如下结论，当商品 z 的消费税采用价内征税的方式时，由于税收凸显性较低，居民无法准确察觉和感知到商品 z 中的税收 T_z，所以居民不会因此而改变自己对商品 z 的消费需求。但是，当商品 z 的消费税采用价外征税的方式时，由于税收凸显性较高，居民能完全察觉和感知到商品 z 中的税收 T_z，为了实现福利效用的最大化，居民会改变对商品 z 的消费行为决策，从而减少对商品 z 的消费需求。因此，在消费税价内征税和价外征税的不同税制设计下，居民对商品 z 的需求弹性是不同的，且价内征税时居民对商品 z 的消费需求大于价外征税时的消费需求。

5.2.2　研究假设

中国现行的消费税采用价内税的税制设计，从而导致消费税的隐蔽性比较高，烟草消费者和白酒消费者在购买卷烟和白酒时基本无法察觉和感知到商品价格中包含的税收情况，因此，现行消费税对烟草消费者和白酒消费者消费行为的影响极其有限。但是，当消费税采用价外征税的方式或人为提高消费税的凸显性后，随着烟草消费者和白酒消费者对卷烟和白酒价格中消费税感知程度的提高，为了规避高额税负和实现福利效用最大化，烟草消费者和白酒消费者可能会改变自己的消费行为决策，从而减少对卷烟和白酒的消费需求。因此，基于上述理论分析，作出如下研究假设：

假设 1：在消费税凸显性较高的情境下，烟草消费者会减少对卷烟的购买和消费。

假设 2：在消费税凸显性较高的情境下，白酒消费者会减少对白酒的购买和消费。

5.3　计量模型与数据说明

5.3.1　实验设计

在当前中国消费税采用价内税的税制设计下，为了研究消费税凸显性是否对居民的消费行为存在显著影响，采用了情景模拟的组间实验设计，并通过实验问卷进行实验数据的采集。为了模拟消费税价外征税的情境，在实验组中告知了实验参与者相关商品价格中所包含的消费税的具体情况，从而人为地提高了消费税的凸显性。具体而言，课题组设计了如下两个实验：（1）卷烟消费实验（实验 A）；（2）白酒消费实验（实验 B）。具体实验设计作如下简要说明：

第一，实验问卷的设计：针对卷烟消费实验和白酒消费实验的实验组分别设计了实验问卷 A1 和实验问卷 B1，同时针对两个实验的控制组分别设计了实验问卷 A2 和实验问卷 B2。鉴于当前中国消费税价内征税且税收凸显性较低的现状，为了模拟价外征税方式下消费税凸显性较高的情境，在实验组的实验问卷中，明确告知实验参与者卷烟价格和白酒价格中包含了消费税以及具体的税负，同时，还明确说明消费税的税负是由消费者自己承担。然后，让实验参与者进行消费行为倾向的选择。但是，在控制组的实验问卷中，只是让实验参与者在考虑消费税的情况下，进行消费行为倾向的选择，至于消费税的具体税负以及由谁承担的问题则没有告知实验参与者。基于上述实验设计，可以认为实验组中消费税的凸显性要显著高于控制组，为了便于实证分析，假设实验组中消费税的凸显性为"1"，而控制组中消费税的凸显性为"0"。

第二，实验对象的选择：鉴于选择的消费品是卷烟和白酒，其消费对象具有一定的特殊性，通常而言，卷烟和白酒的消费者群体主要是成年男性。因此，在进行卷烟消费实验和白酒消费实验时，选择的实验对象是 18 岁以上的男性卷烟消费者和白酒消费者。实验参与者主要来自政府机关、事业单位、企业和工厂等相关部门的职工，样本来源相对比较广泛。

第三，实验分组与数据采集：为了对实验参与者进行随机分组，根据参与实验的烟草消费者和白酒消费者的生日进行分组，生日是单数的为实验组，生日是双数的为控制组。课题组的工作人员根据实验参与者所在的分组发放不同的实验问卷，在实验参与者完成问卷的作答后，课题组的工作人员收回问卷并完成数据的采集。此外，为了保证各个实验参与者是相应产品的消费者，在问卷中分别设置了您是否消费卷烟和白酒的题目，如果实验参与者选择"否"，将默认为是本研究的无效样本，在实证分析时予以剔除。

第四，消费行为倾向的测度：在测度实验参与者的消费行为倾向时，在查阅大量国内相关文献和借鉴现有研究的基础上，采用了五点李克特量表法，具体而言，就是让参与实验的消费者在不同税收凸显性的情境下，分别回答"自己是否会减少对卷烟/白酒的购买和消费"，实验问卷要求实验参与者在"完全不会""可能不会""不确定""可能会"和"完全会"五个选项之间进行选择，并且将其分别赋值为 1、2、3、4、5。此外，为了实证分析的需要，还采集了实验参与者的收入水平（*Income*）、教育水平（*Education*）、健康状况（*Health*）、是否担任行政或管理职务（*Officer*）、年龄（*Age*）和婚姻状况（*Marriage*）等人口统计学信息作为控制变量，各主要控制变量的定义和说明如表 5 - 1 所示。

图 5 - 1 和图 5 - 2 分别报告了卷烟消费实验和白酒消费实验中实验参与者具体消费行为倾向的统计结果。从图 5 - 1 中可以看出，在卷烟

消费实验中，控制组中"完全不会"和"可能不会"减少卷烟消费的比例分别占 44.94% 和 27.85%，而实验组中"完全不会"和"可能不会"减少卷烟消费的比例分别占 33.13% 和 17.79%；控制组中"可能会"和"完全会"减少卷烟消费的比例分别占 16.46% 和 3.16%，而实验组中"可能会"和"完全会"减少卷烟消费的比例分别占 26.99% 和 8.59%。从图 5-2 中可以看出，在白酒消费实验中，控制组中"完全不会"和"可能不会"减少白酒消费的比例分别占 27.95% 和 23.60%，而实验组中"完全不会"和"可能不会"减少白酒消费的比例分别占 14.11% 和 20.86%；控制组中"可能会"和"完全会"减少白酒消费的比例分别占 27.33% 和 4.97%，而实验组中"可能会"和"完全会"减少白酒消费的比例分别占 31.29% 和 14.72%。

表 5-1　　　　　　　　　　**主要控制变量的定义与说明**

变量名称	变量说明	赋值
收入水平	您平均每月的收入情况/元？	1 表示"2000 以下"，2 表示"2001~3500"，3 表示"3501~5000"，4 表示"5001~8000"，5 表示"8001~12000"，6 表示"12000 以上"
教育水平	您的最高学历？	1 表示"小学"，2 表示"初中"，3 表示"高中/中专"，4 表示"大专"，5 表示"本科"，6 表示"研究生"
健康状况	您的健康状况？	1 表示"很不健康"，2 表示"比较不健康"，3 表示"一般"，4 表示"比较健康"，5 表示"很健康"
职务	您是否担任行政或管理职务？	1 表示"是"，0 表示"否"
年龄	您的年龄？	1 表示"18~24 岁"，2 表示"25~34 岁"，3 表示"35~44 岁"，4 表示"45~54 岁"，5 表示"55~64 岁"，6 表示"65 岁以上"
婚姻	您的婚姻状况？	1 表示"已婚"，0 表示"未婚"

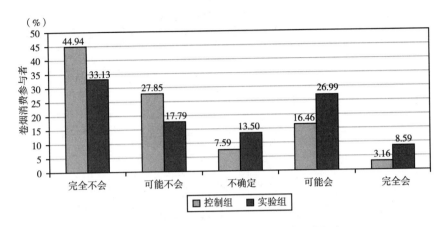

图 5 - 1　卷烟消费实验参与者的消费行为倾向

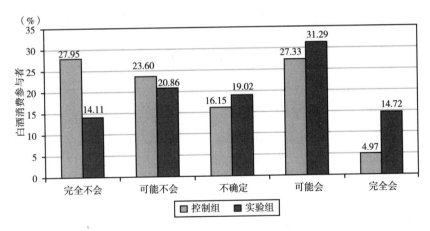

图 5 - 2　白酒消费实验参与者的消费行为倾向

　　表 5 - 2 报告了卷烟消费实验和白酒消费实验中主要变量的描述性统计结果。从表 5 - 2 的描述性统计结果中可以看出，在卷烟消费实验中，控制组和实验组中烟草消费者消费行为倾向的均值分别为 2.05 和 2.60；在白酒消费实验中，控制组和实验组中白酒消费者消费行为倾向的均值分别为 2.58 和 3.12。由此可见，上述两个消费实验中，控制组和实验组中消费者的消费行为倾向存在明显的差异。

表5-2　　　　　　　　　　主要变量的描述性统计结果

消费者分类	变量名称	分类	样本数	最小值	最大值	均值	标准差
卷烟消费者（男性）	消费行为倾向	控制组	158	1	5	2.05	1.21
		实验组	163	1	5	2.60	1.40
	收入水平	控制组	158	1	6	3.25	1.35
		实验组	163	1	6	3.18	1.31
	健康状况	控制组	158	1	5	3.32	0.87
		实验组	163	1	5	3.67	0.89
	教育水平	控制组	158	1	6	3.83	1.08
		实验组	163	2	6	3.97	1.04
	职务	控制组	158	0	1	0.53	0.50
		实验组	163	0	1	0.53	0.50
	年龄	控制组	158	1	4	2.70	0.94
		实验组	163	1	5	2.72	1.02
	婚姻	控制组	158	0	1	0.75	0.44
		实验组	163	0	1	0.72	0.45
白酒消费者（男性）	消费行为倾向	控制组	161	1	5	2.58	1.29
		实验组	163	1	5	3.12	1.29
	收入水平	控制组	161	1	6	3.24	1.44
		实验组	163	1	6	3.33	1.32
	健康状况	控制组	161	1	5	3.57	0.84
		实验组	163	1	5	3.63	0.80
	教育水平	控制组	161	1	6	4.39	1.14
		实验组	163	1	6	4.47	1.12
	职务	控制组	161	0	1	0.54	0.50
		实验组	163	0	1	0.58	0.49
	年龄	控制组	161	1	5	2.81	1.08
		实验组	163	1	5	2.75	0.97
	婚姻	控制组	161	0	1	0.71	0.45
		实验组	163	0	1	0.72	0.45

5.3.2　计量模型

本章的被解释变量是消费者的消费行为倾向；是取值范围为 1 ~ 5 的有序离散变量。为了实证分析消费税凸显性对居民消费行为倾向的影响，在参考国内外学者相关研究的基础上（Akbay et al. , 2007；Welsch and Kühling, 2010），构建如下 Ordered Probit 计量模型，具体如公式（5.9）所示。

$$y_i = \alpha_0 + \alpha_1 taxsalience_i + \alpha_2 income_i + \beta X_i + \mu_i \qquad (5.9)$$

其中，$taxsalience_i$ 表示控制组和实验组中消费者 i 所在的不同税收凸显性的情境，当 i 在控制组时，$taxsalience_i = 0$，当 i 在实验组时，$taxsalience_i = 1$；$income_i$ 表示消费者 i 的收入水平；X_i 为一组控制变量，具体包括教育水平、健康状况、是否担任行政或管理职务、年龄和婚姻状况等；μ_i 表示与解释变量无关的随机扰动项。对于 Ordered Probit 模型而言，只要随机扰动项与解释变量不相关，那么采用极大似然估计的参数就是一致估计量。

5.4　实证分析结果与讨论

为了检验在控制收入水平等相关因素的情况下，消费税凸显性是否对居民的消费行为存在显著影响，采用被广泛使用的 Ordered Probit 模型，分别对卷烟和白酒的实验数据进行估计。同时，为了使回归结果更为稳健可信，在具体回归分析的过程中，采用逐步回归的方法。

5.4.1 税收凸显性对卷烟消费行为倾向的影响

5.4.1.1 全样本回归结果

表 5-3 报告了消费税凸显性对烟草消费者卷烟消费行为倾向影响的全样本估计结果。为了便于比较分析，模型（1）报告的是在未控制任何变量的情况下，消费税凸显性对烟草消费者卷烟消费行为倾向影响的估计结果，模型（2）、模型（3）、模型（4）则进一步依次加入了收入水平、健康状况、年龄、教育水平、是否担任行政或管理职务和婚姻状况等控制变量。从表 5-3 的估计结果中可以看出，核心解释变量消费税凸显性的估计系数在模型（1）、模型（2）、模型（3）、模型（4）中均在 1% 的显著性水平上显著为正，这说明在控制收入水平、健康状况和教育水平等一系列因素的情况下，消费税凸显性对烟草消费者的卷烟消费行为倾向具有显著的正向影响，即在消费税凸显性较高的情境下，烟草消费者减少卷烟消费的行为倾向会更高。从模型（1）、模型（2）、模型（3）、模型（4）中可以看出，尽管随着控制变量的逐步加入，消费税凸显性的估计系数略有降低，但是，其估计系数的符号和显著性水平均未发生改变，这表明消费税凸显性的估计结果是比较稳健的，不仅验证了本书的研究假设 1，也进一步验证了 Goldin 和 Homonoff（2013）关于烟草消费税凸显性的研究结论。

表 5-3　　　　卷烟消费行为对税收凸显性的全样本回归结果

解释变量	被解释变量：卷烟消费行为倾向			
	（1）	（2）	（3）	（4）
Tax-salience	0.4252 *** (0.1227)	0.4239 *** (0.1229)	0.3917 *** (0.1272)	0.3863 *** (0.1275)
Income		-0.1586 *** (0.0443)	-0.1923 *** (0.0471)	-0.1903 *** (0.0487)

续表

解释变量	被解释变量：卷烟消费行为倾向			
	（1）	（2）	（3）	（4）
Health			0. 1245 * （0. 0673）	0. 1264 * （0. 0674）
Age			0. 1765 *** （0. 0624）	0. 1884 ** （0. 0839）
Education				0. 0242 （0. 0619）
Officer				− 0. 0047 （0. 1301）
Marriage				− 0. 0295 （0. 1882）
N	321	321	321	321
*Waldchi*2	12. 01	25. 98	33. 86	34. 50
*Prob > chi*2	0. 0005	0. 0000	0. 0000	0. 0000
R^2	0. 0131	0. 0254	0. 0363	0. 0365

注：（1）括号内是稳健标准误。
（2）*** 、** 、* 、分别表示在 1% 、5% 和 10% 的显著性水平上显著。

　　此外，从收入水平变量来看，收入水平的估计系数在模型（2）、模型（3）、模型（4）中均在 1% 的显著性水平上显著为负。这表明烟草消费者的收入水平对其卷烟消费行为具有显著的负向影响，即随着烟草消费者收入水平的提高，其减少卷烟消费的行为倾向会逐步降低。这一结论与 Goldin 和 Homonoff（2013）的研究结果基本一致。从年龄变量来看，年龄的估计系数在模型（3）、模型（4）中分别在 1% 和 5% 的显著性水平上显著为正。这表明烟草消费者的年龄对其卷烟消费行为具有显著的正向影响，即随着烟草消费者年龄的提高，其减少卷烟消费的行为倾向会逐步提高。

5.4.1.2 分样本回归结果

为了进一步检验消费税凸显性是否会对不同健康状况、不同教育水平和是否担任行政或管理职务烟草消费者的卷烟消费行为倾向产生不同的影响。对不同健康状况、不同教育水平和是否担任行政或管理职务的烟草消费者进行了分样本估计，表5-4报告了具体的分样本估计结果。其中，模型（5）、模型（6）分别报告了消费税凸显性对"健康状况—好"和"健康状况—差"烟草消费者卷烟消费行为倾向的影响；模型（7）、模型（8）分别报告了消费税凸显性对"教育水平—低"和"教育水平—高"烟草消费者卷烟消费行为倾向的影响；模型（9）、模型（10）分别报告了消费税凸显性对"担任行政或管理职务"和"未担任行政或管理职务"烟草消费者卷烟消费行为倾向的影响。

从表5-4的分样本估计结果中可以看出，在模型（5）和模型（6）中，消费税凸显性对"健康状况—差"烟草消费者的卷烟消费行为倾向具有显著的正向影响，而对"健康状况—好"烟草消费者卷烟消费行为倾向的影响并不显著。这表明，与"健康状况—好"的烟草消费者相比，在提高消费税的凸显性后，"健康状况—差"的烟草消费者减少卷烟购买和消费的行为倾向会更高。在模型（7）和模型（8）中，消费税凸显性对"教育水平—高"的烟草消费者的卷烟消费行为倾向具有显著的正向影响，而对"教育水平—低"的烟草消费者的卷烟消费行为倾向的影响并不显著。这表明，与"教育水平—低"的烟草消费者相比，在提高消费税的凸显性后，"教育水平—高"的烟草消费者减少卷烟购买和消费的行为倾向会更高。在模型（9）和模型（10）中，消费税凸显性对"未担任行政或管理职务"烟草消费者的卷烟消费行为倾向具有显著的正向影响，而对"担任行政或管理职务"烟草消费者的卷烟消费行为倾向的影响并不显著。这表明，与"担任行政或管理职务"的烟草消费者相比，在提高消费税凸显性后，"未担任行政或管理职务"的烟草消费者会更加显著地减少对卷烟的购买和消费。这可能与当前我国社会上存在的"送礼"的不良社会风气有关，那些担任一定行政或管理职务的烟草消费者所消费的卷烟多为他人赠送。因此，提高消费税凸显性并不会显著改变他们对卷烟的消费需求。

表 5 – 4　　　　卷烟消费行为对税收凸显性的分样本回归结果

解释变量	被解释变量：卷烟消费行为倾向					
	(5)	(6)	(7)	(8)	(9)	(10)
	健康状况		教育水平		担任行政或管理职务	
	好	差	低	高	是	否
$Tax - salience$	0.1739	0.6491 ***	0.2319	0.4733 ***	0.2742	0.4764 ***
	(0.1784)	(0.1840)	(0.1992)	(0.1717)	(0.1772)	(0.1838)
$Income$	− 0.2117 ***	− 0.1773 ***	− 0.1748 **	− 0.2117 ***	− 0.2871 ***	− 0.0779
	(0.0679)	(0.0675)	(0.0811)	(0.0670)	(0.0714)	(0.0746)
$Health$			0.2614 **	0.0726	0.1560 *	0.0921
			(0.1095)	(0.0928)	(0.0844)	(0.1180)
$Education$	− 0.0246	0.0599			0.0265	0.0724
	(0.0902)	(0.0885)			(0.0907)	(0.0956)
$Officer$	0.2388	− 0.2714	− 0.0575	− 0.0601		
	(0.1828)	(0.1889)	(0.1973)	(0.1807)		
Age	0.0755	0.3107 ***	0.0165	0.2825 **	0.3015 ***	0.0831
	(0.1269)	(0.1096)	(0.1331)	(0.1123)	(0.1098)	(0.1287)
$Marriage$	− 0.1640	0.1184	0.0094	− 0.0923	− 0.0911	0.0722
	(0.2903)	(0.2526)	(0.3016)	(0.2386)	(0.2657)	(0.2737)
N	163	158	126	195	170	151
$Waldchi2$	14.20	31.19	12.06	26.79	27.71	12.01
$Prob > chi2$	0.0274	0.0000	0.0606	0.0002	0.0001	0.0617
R^2	0.0253	0.0683	0.0327	0.0470	0.0584	0.0256

注：(1) 括号内是稳健标准误。

　　(2) *** 、** 、* 、分别表示在 1% 、5% 和 10% 的显著性水平上显著。

　　(3) 健康状况 "差" 是指 "很不健康" "比较不健康" 和 "一般"，健康状况 "好" 是指 "比较健康" 和 "很健康"；教育水平 "低" 是指 "高中及以下"，教育水平 "高" 是指 "大专及以上"。

5.4.1.3　边际效应分析

尽管上述全样本估计结果和分样本估计结果可以分别确定消费税凸显性对整体烟草消费者和不同健康状况、不同教育水平、是否担任行政或管理职务烟草消费者卷烟消费行为倾向影响的显著性和方向，但是，就消费税凸显性对烟草消费者具体卷烟消费行为倾向取值概率的影响而言，采用的 Ordered Probit 模型则不能确定。因此，为了比较分析消费税凸显性对烟草消费者具体卷烟消费行为倾向概率的影响，在表 5 - 3 中模型（4）的基础上计算了消费税凸显性等其他相关变量对整体烟草消费者卷烟消费行为倾向的边际影响，计算结果如表 5 - 5 所示。在表 5 - 4 中模型（6）、模型（8）和模型（10）的基础上分别计算了消费税凸显性等其他相关变量对"健康状况—差""教育水平—高"和"未担任行政或管理职务"烟草消费者卷烟消费行为倾向的边际影响，具体计算结果如表 5 - 6、表 5 - 7 和表 5 - 8 所示。

表 5 - 5　　　　　　　　　全样本边际效应估计结果

解释变量	被解释变量：卷烟消费行为倾向				
	Y = 1	Y = 2	Y = 3	Y = 4	Y = 5
Tax - salience	- 0. 1466 *** （0. 0476）	0. 0009 （0. 0058）	0. 0199 *** （0. 0076）	0. 0871 *** （0. 0298）	0. 0387 *** （0. 0145）
Income	0. 0726 *** （0. 0186）	- 0. 0003 （0. 0029）	- 0. 0099 *** （0. 0034）	- 0. 0434 *** （0. 0117）	- 0. 0189 *** （0. 0058）
Health	- 0. 0482 * （0. 0257）	0. 0002 （0. 0019）	0. 0066 * （0. 0039）	0. 0288 * （0. 0155）	0. 0126 * （0. 0070）
Age	- 0. 0719 ** （0. 0320）	0. 0003 （0. 0029）	0. 0098 ** （0. 0047）	0. 0430 ** （0. 0192）	0. 0187 ** （0. 0095）
Education	- 0. 0092 （0. 0236）	0. 0000 （0. 0004）	0. 0013 （0. 0032）	0. 0055 （0. 0141）	0. 0024 （0. 0062）

续表

解释变量	被解释变量：卷烟消费行为倾向				
	Y = 1	Y = 2	Y = 3	Y = 4	Y = 5
Officer	0.0018 (0.0496)	− 0.0000 (0.0002)	− 0.0002 (0.0068)	− 0.0011 (0.0297)	− 0.0005 (0.0130)
Marriage	0.0112 (0.0715)	− 0.0000 (0.0005)	− 0.0015 (0.0096)	− 0.0067 (0.0429)	− 0.0030 (0.0192)

注：（1）括号内是稳健标准误。

　　（2）***、**、*、分别表示在 1%、5% 和 10% 的显著性水平上显著。

　　表 5 - 5 报告了消费税凸显性等其他相关变量对整体烟草消费者卷烟消费行为倾向边际影响的计算结果。从表 5 - 5 的计算结果中可以看出，消费税凸显性对烟草消费者"完全不会"（Y = 1）减少卷烟消费的行为倾向的边际影响在 1% 的显著性水平上显著为负，且具体的边际影响为 − 0.1466，这表明与控制组中烟草消费者的卷烟消费行为倾向相比，实验组中烟草消费者"完全不会"减少卷烟消费行为倾向的概率下降了 14.66%，即在消费税凸显性较高的情境下，烟草消费者"完全不会"减少卷烟消费行为倾向的概率下降了 14.66%。但是，消费税凸显性对烟草消费者"可能会"（Y = 4）和"完全会"（Y = 5）减少卷烟消费行为倾向的边际影响在 1% 的显著性水平上显著为正，且具体的边际影响分别为 0.0871 和 0.0387。这表明与控制组中烟草消费者的卷烟消费行为倾向相比，实验组中烟草消费者"可能会"和"完全会"减少卷烟消费行为倾向的概率分别增加了 8.71% 和 3.87%，即在消费税凸显性较高的情境下，烟草消费者"可能会"和"完全会"减少卷烟消费行为倾向的概率分别增加了 8.71% 和 3.87%。此外，收入水平变量对烟草消费者"完全不会"（Y = 1）减少卷烟消费行为倾向的边际影响在 1% 的显著性水平上显著为正，且具体的边际影响为 0.0726。这表明，在均值处，收入水平变量每增加一个单位，烟草消费者"完全不会"减少卷烟消费行为倾向的概率增加了 7.26%。但是，收入水平变量对烟草消费者

"可能会"（Y=4）和"完全会"（Y=5）减少卷烟消费行为倾向的边际影响在1%的显著性水平上显著为负，且具体的边际影响为 -0.0434 和 -0.0189。这表明，在均值处，收入水平变量每增加一个单位，烟草消费者"可能会"和"完全会"减少卷烟消费行为倾向的概率分别下降了4.34%和1.89%。

表5-6报告了消费税凸显性等其他相关变量对"健康状况—差"烟草消费者卷烟消费行为倾向边际影响的计算结果。从表5-6的计算结果中可以看出，消费税凸显性对"健康状况—差"烟草消费者"完全不会"（Y=1）减少卷烟消费行为倾向的边际影响在1%的显著性水平上显著为负，且具体的边际影响为 -0.2444。这表明与控制组中"健康状况—差"烟草消费者的卷烟消费行为倾向相比，实验组中"健康状况—差"烟草消费者"完全不会"减少卷烟消费行为倾向的概率下降了24.44%，即在消费税凸显性较高的情境下，"健康状况—差"烟草消费者"完全不会"减少卷烟消费行为倾向的概率下降了24.44%。但是，消费税凸显性对"健康状况—差"烟草消费者"可能会"（Y=4）和"完全会"（Y=5）减少卷烟消费行为倾向的边际影响分别在1%和5%的显著性水平上显著为正，且具体的边际影响为0.1328 和0.0671。这表明与控制组中"健康状况—差"烟草消费者的卷烟消费行为倾向相比，实验组中"健康状况—差"烟草消费者"可能会"和"完全会"减少卷烟消费行为倾向的概率分别增加了13.28%和6.71%，即在消费税凸显性较高的情境下，"健康状况—差"烟草消费者"可能会"和"完全会"减少卷烟消费行为倾向的概率分别增加了13.28%和6.71%。此外，收入水平变量对"健康状况—差"烟草消费者"完全不会"（Y=1）减少卷烟消费行为倾向的边际影响在1%的显著性水平上显著为正，且具体的边际影响为0.0689。这表明，在均值处，收入水平变量每增加一个单位，"健康状况—差"烟草消费者"完全不会"减少卷烟消费行为倾向的概率增加了6.89%。但是，收入水平变量

对"健康状况—差"烟草消费者"可能会"（Y = 4）和"完全会"（Y = 5）减少卷烟消费行为倾向的边际影响在 5% 的显著性水平上显著为负，且具体的边际影响为 – 0.0367 和 – 0.0162。这表明，在均值处，收入水平变量每增加一个单位，"健康状况—差"烟草消费者"可能会"和"完全会"减少卷烟消费行为倾向的概率分别下降了 3.67% 和 1.62%。

表 5 – 6　　　　　　　　"健康状况—差"样本边际效应估计结果

解释变量	被解释变量：卷烟消费行为倾向				
	Y = 1	Y = 2	Y = 3	Y = 4	Y = 5
Tax – salience	– 0.2444 *** （0.0651）	0.0163 （0.0163）	0.0282 ** （0.0114）	0.1328 *** （0.0420）	0.0671 ** （0.0268）
Income	0.0689 *** （0.0263）	– 0.0075 （0.0056）	– 0.0085 * （0.0044）	– 0.0367 ** （0.0149）	– 0.0162 ** （0.0071）
Education	– 0.0233 （0.0343）	0.0025 （0.0041）	0.0029 （0.0044）	0.0124 （0.0184）	0.0055 （0.0081）
Officer	0.1050 （0.0726）	– 0.0111 （0.0103）	– 0.0129 （0.0096）	– 0.0559 （0.0393）	– 0.0250 （0.0191）
Age	– 0.1207 *** （0.0428）	0.0131 （0.0097）	0.0150 ** （0.0071）	0.0643 *** （0.0223）	0.0283 ** （0.0138）
Marriage	– 0.0462 （0.0990）	0.0059 （0.0144）	0.0058 （0.0127）	0.0242 （0.0522）	0.0103 （0.0204）

注：（1）括号内是稳健标准误。
　　（2）*** 、** 、* 分别表示在 1% 、5% 和 10% 的显著性水平上显著。

表 5 – 7 报告了消费税凸显性等其他相关变量对"教育水平—高"烟草消费者卷烟消费行为倾向边际影响的计算结果。从表 5 – 7 的计算结果中可以看出，消费税凸显性对"教育水平—高"烟草消费者"完全不会"（Y = 1）减少卷烟消费行为倾向的边际影响在 1% 的显著性

水平上显著为负，且具体的边际影响为 −0.1778。这表明与控制组中"教育水平—高"烟草消费者的卷烟消费行为倾向相比，实验组中"教育水平—高"烟草消费者"完全不会"减少卷烟消费行为倾向的概率下降了 17.78%，即在消费税凸显性较高的情境下，"教育水平—高"烟草消费者"完全不会"减少卷烟消费行为倾向"的概率"下降了 17.78%。但是，消费税凸显性对"教育水平—高"烟草消费者"可能会"（Y=4）和"完全会"（Y=5）减少卷烟消费行为倾向的边际影响分别在 1% 和 5% 的显著性水平上显著为正，且具体的边际影响为 0.1048 和 0.0527。这表明与控制组中"教育水平—高"烟草消费者的卷烟消费行为倾向相比，实验组中"教育水平—高"烟草消费者"可能会"和"完全会"减少卷烟消费行为倾向的概率分别增加了 10.48% 和 5.27%，即在消费税凸显性较高的情境下，"教育水平—高"烟草消费者"可能会"和"完全会"减少卷烟消费行为倾向的概率分别增加了 10.48% 和 5.27%。

此外，从表 5−7 的计算结果中还可以看出，收入水平变量对"教育水平—高"烟草消费者"完全不会"（Y=1）减少卷烟消费行为倾向的边际影响在 1% 的显著性水平上显著为正，且具体的边际影响为 0.0798。这表明，在均值处，收入水平变量每增加一个单位，"教育水平—高"烟草消费者"完全不会"减少卷烟消费行为倾向的概率增加了 7.98%。但是，收入水平变量对"教育水平—高"烟草消费者"可能会"（Y=4）和"完全会"（Y=5）减少卷烟消费行为倾向的边际影响在 1% 的显著性水平上显著为负，且具体的边际影响为 −0.0477 和 −0.0237。这表明，在均值处，收入水平变量每增加一个单位，"教育水平—高"烟草消费者"可能会"和"完全会"减少卷烟消费行为倾向的概率分别下降了 4.77% 和 2.37%。

表 5 – 7　　　　　　　　"教育水平—高"样本边际效应估计结果

解释变量	被解释变量：卷烟消费行为倾向				
	Y = 1	Y = 2	Y = 3	Y = 4	Y = 5
Tax – salience	– 0. 1778 *** （0. 0633）	– 0. 0046 （0. 0085）	0. 0248 ** （0. 0114）	0. 1048 *** （0. 0401）	0. 0527 ** （0. 0208）
Income	0. 0798 *** （0. 0252）	0. 0027 （0. 0040）	– 0. 0111 ** （0. 0049）	– 0. 0477 *** （0. 0160）	– 0. 0237 *** （0. 0089）
Health	– 0. 0274 （0. 0350）	– 0. 0009 （0. 0018）	0. 0038 （0. 0050）	0. 0164 （0. 0209）	0. 0081 （0. 0106）
Officer	0. 0226 （0. 0678）	0. 0009 （0. 0031）	– 0. 0031 （0. 0091）	– 0. 0135 （0. 0409）	– 0. 0068 （0. 0208）
Age	– 0. 1065 ** （0. 0422）	– 0. 0036 （0. 0054）	0. 0148 ** （0. 0070）	0. 0637 ** （0. 0265）	0. 0317 ** （0. 0145）
Marriage	0. 0346 （0. 0888）	0. 0015 （0. 0050）	– 0. 0046 （0. 0116）	– 0. 0208 （0. 0538）	– 0. 0106 （0. 0283）

　　注：（1）括号内是稳健标准误。
　　　　（2）***、**、*分别表示在 1%、5% 和 10% 的显著性水平上显著。

　　表 5 – 8 报告了消费税凸显性等其他相关变量对"未担任行政或管理职务"烟草消费者卷烟消费行为倾向边际影响的计算结果。从表 5 – 8 的计算结果中可以看出，消费税凸显性对"未担任行政或管理职务"烟草消费者"完全不会"（Y = 1）减少卷烟消费行为倾向的边际影响在 1% 的显著性水平上显著为负，且具体的边际影响为 – 0. 1785。这表明，与控制组中"未担任行政或管理职务"烟草消费者的卷烟消费行为倾向相比，实验组中"未担任行政或管理职务"烟草消费者"完全不会"减少卷烟消费行为倾向的概率下降了 17. 85%，即在消费税凸显性较高的情境下，"未担任行政或管理职务"烟草消费者"完全不会"减少卷烟消费行为倾向"的概率"下降了 17. 85%。但是，消费税凸显性对"未担任行政或管理职务"烟草消费者"可能会"（Y = 4）和"完全会"（Y = 5）减少卷烟消费行为倾向的边际影响在 5% 的显著性水平上显著

为正，且具体的边际影响为 0.1056 和 0.0508。这表明与控制组中"未担任行政或管理职务"烟草消费者的卷烟消费行为倾向相比，实验组中"未担任行政或管理职务"烟草消费者"可能会"和"完全会"减少卷烟消费行为倾向的概率分别增加了 10.56% 和 5.08%，即在消费税凸显性较高的情境下，"未担任行政或管理职务"烟草消费者"可能会"和"完全会"减少卷烟消费行为倾向的概率增加了 10.56% 和 5.08%。

表 5 – 8　　"未担任行政或管理职务"样本边际效应估计结果

解释变量	被解释变量：卷烟消费行为倾向				
	$Y = 1$	$Y = 2$	$Y = 3$	$Y = 4$	$Y = 5$
$Tax - salience$	-0.1785 ***	0.0031	0.0190 *	0.1056 **	0.0508 **
	(0.0675)	(0.0115)	(0.0098)	(0.0417)	(0.0237)
$Income$	0.0294	-0.0005	-0.0032	-0.0176	-0.0082
	(0.0282)	(0.0020)	(0.0033)	(0.0169)	(0.0081)
$Health$	-0.0348	0.0006	0.0038	0.0208	0.0097
	(0.0446)	(0.0024)	(0.0050)	(0.0267)	(0.0127)
$Education$	-0.0273	0.0005	0.0030	0.0163	0.0076
	(0.0361)	(0.0019)	(0.0040)	(0.0218)	(0.0101)
Age	-0.0314	0.0005	0.0034	0.0187	0.0087
	(0.0486)	(0.0022)	(0.0053)	(0.0288)	(0.0143)
$Marriage$	-0.0274	0.0007	0.0030	0.0162	0.0075
	(0.1040)	(0.0037)	(0.0116)	(0.0617)	(0.0276)

注：（1）括号内是稳健标准误。

　　（2）***、**、*，分别表示在 1%、5% 和 10% 的显著性水平上显著。

5.4.2　税收凸显性对白酒消费行为倾向的影响

5.4.2.1　全样本回归结果

表 5 – 9 报告了消费税凸显性对白酒消费者白酒消费行为倾向影响

的全样本估计结果。为了便于比较分析，模型（11）报告的是在未控制任何变量的情况下，消费税凸显性对白酒消费者白酒消费行为倾向影响的估计结果，模型（12）、模型（13）、模型（14）则进一步依次加入了收入水平、教育水平、健康状况、是否担任行政或管理职务、年龄和婚姻状况等控制变量。

从表 5−9 的估计结果中可以看出，核心解释变量消费税凸显性的估计系数在模型（11）、模型（12）、模型（13）、模型（14）中均在 1% 的显著性水平上显著为正，这说明在控制收入水平、教育水平、健康状况等一系列因素的情况下，消费税凸显性对白酒消费者的白酒消费行为倾向具有显著的正向影响，即在消费税凸显性较高的情境下，白酒消费者减少白酒消费的行为倾向会更高。从模型（11）、模型（12）、模型（13）、模型（14）的估计结果中可以发现，消费税凸显性的估计系数一直稳定在 0.46 左右，且符号和显著性水平也是一致的，表明消费税凸显性的估计结果是比较稳健的。这不仅验证了本书的研究假设 2，也验证了 Chetty 等（2009）的研究结论。此外，从收入水平变量来看，收入水平的估计系数在模型（12）、模型（13）、模型（14）中均在 5% 的显著性水平上显著为负，这表明白酒消费者的收入水平对其白酒消费行为具有显著的负向影响，即随着白酒消费者收入水平的提高，其减少白酒消费的行为倾向会逐步降低。

表 5−9　　　　白酒消费行为对税收凸显性的全样本回归结果

解释变量	被解释变量：白酒消费行为倾向			
	（11）	（12）	（13）	（14）
Tax − salience	0.4558 ***	0.4687 ***	0.4696 ***	0.4663 ***
	(0.1172)	(0.1176)	(0.1178)	(0.1182)
Income		− 0.1020 **	− 0.1022 **	− 0.1157 **
		(0.0421)	(0.0423)	(0.0486)
Education			− 0.0109	− 0.0066
			(0.0537)	(0.0565)

解释变量	被解释变量：白酒消费行为倾向			
	（11）	（12）	（13）	（14）
Health			0.0013	−0.0028
			（0.0682）	（0.0687）
Officer				0.1563
				（0.1245）
Age				0.0211
				（0.0857）
Marriage				−0.0471
				（0.2013）
N	324	324	324	324
Waldchi2	15.12	20.70	20.82	21.98
Prob > chi2	0.0001	0.0000	0.0003	0.0026
R^2	0.0148	0.0204	0.0204	0.0221

注：（1）括号内是稳健标准误。

（2）***、**、*、分别表示在1%、5%和10%的显著性水平上显著。

5.4.2.2　分样本回归结果

为了检验消费税凸显性是否会对不同健康状况和是否担任行政或管理职务白酒消费者的白酒消费行为倾向产生不同的影响，对不同健康状况和是否担任行政或管理职务的白酒消费者进行了分样本估计，表5-10报告了具体分样本估计结果。其中，模型（15）、模型（16）是消费税凸显性对"健康状况—好"和"健康状况—差"白酒消费者的白酒消费行为倾向影响的估计结果，模型（17）、模型（18）是消费税凸显性对"担任行政或管理职务"和"未担任行政或管理职务"白酒消费者的白酒消费行为倾向影响的估计结果。

从表5-10的分样本估计结果中可以看出，在模型（15）和模型（16）中，消费税凸显性的估计系数均在1%的显著性水平上显著为正。这表明，消费税凸显性对"健康状况—差"和"健康状况—好"白酒消费者的白酒消费行为倾向均具有显著的正向影响，即在消费税凸显性较高的情境下，"健康状况—差"和"健康状况—好"的白酒消费者均会显著减少对白酒的消费。在模型（17）和模型（18）中，消费税凸显性的估计系数分别在1%和5%的显著性水平上显著为正，表明消费税凸显性对"担任行政或管理职务"和"未担任行政或管理职务"白酒消费者的白酒消费行为倾向均具有显著的正向影响，即在消费税凸显性较高的情境下，"担任行政或管理职务"和"未担任行政或管理职务"的白酒消费者均会更加显著地减少对白酒的消费。

表 5 – 10　　　　白酒消费行为对税收凸显性的分样本回归结果

解释变量	被解释变量：白酒消费行为倾向			
	（15）	（16）	（17）	（18）
	健康状况		担任行政或管理职务	
	好	差	是	否
Tax – salience	0.4637 ***	0.5086 ***	0.4393 ***	0.4748 **
	（0.1570）	（0.1775）	（0.1587）	（0.1853）
Income	– 0.1459 **	– 0.0827	– 0.0953	– 0.1406 **
	（0.0634）	（0.0743）	（0.0690）	（0.0694）
Education	0.0462	– 0.0813	– 0.0096	0.0152
	（0.0704）	（0.0976）	（0.0747）	（0.0904）
Health			0.0964	– 0.1395
			（0.0875）	（0.1064）
Officer	0.2550	– 0.0176		
	（0.1676）	（0.1932）		
Age	– 0.0169	0.0485	– 0.0232	0.0710
	（0.1070）	（0.1415）	（0.1135）	（0.1341）
Marriage	0.1815	– 0.2823	– 0.1022	0.0165
	（0.2757）	（0.2926）	（0.2709）	（0.3174）
N	187	137	182	142
Waldchi2	17.61	12.10	14.92	11.68
Prob > chi2	0.0073	0.0598	0.0208	0.0694
R^2	0.0279	0.0241	0.0236	0.0273

注：（1）括号内是稳健标准误。

　　（2）*** 、** 、* 分别表示在1%、5%和10%的显著性水平上显著。

　　（3）健康状况"差"是指"很不健康""比较不健康"和"一般"，健康状况"好"是指"比较健康"和"很健康"。

5.4.2.3　边际效应分析

尽管上述全样本估计结果和分样本估计结果可以分别确定消费税凸显性对整体白酒消费者和不同健康状况、是否担任行政或管理职务的白酒消费者对白酒消费行为倾向影响的显著性和方向，但是，就消费税凸显性对白酒消费者具体白酒消费行为倾向取值概率的影响而言，采用Ordered Probit 模型则不能确定。因此，为了比较分析消费税凸显性对白酒消费者具体白酒消费行为倾向概率的影响，在表 5 - 9 模型（14）的基础上计算了消费税凸显性等其他相关变量对整体白酒消费者白酒消费行为倾向的边际影响，计算结果如表 5 - 11 所示。在表 5 - 10 模型（15）、模型（16）、模型（17）和模型（18）的基础上分别计算了消费税凸显性等其他相关变量对"健康状况—好"和"健康状况—差""担任行政或管理职务"和"未担任行政或管理职务"白酒消费者白酒消费行为倾向的边际影响，具体计算结果如表 5 - 12 和表 5 - 13 所示。

表 5 - 11　　　　　　　　　　全样本边际效应估计结果

解释变量	被解释变量：白酒消费行为倾向				
	Y = 1	Y = 2	Y = 3	Y = 4	Y = 5
Tax – salience	− 0. 1309 ***	− 0. 0509 ***	0. 0048	0. 1002 ***	0. 0768 ***
	（0. 0338）	（0. 0147）	（0. 0055）	（0. 0262）	（0. 0217）
Income	0. 0325 **	0. 0130 **	− 0. 0012	− 0. 0253 **	− 0. 0190 **
	（0. 0138）	（0. 0058）	（0. 0015）	（0. 0110）	（0. 0081）
Education	0. 0018	0. 0007	− 0. 0001	− 0. 0014	− 0. 0011
	（0. 0159）	（0. 0063）	（0. 0006）	（0. 0124）	（0. 0093）
health	0. 0008	0. 0003	− 0. 0000	− 0. 0006	− 0. 0005
	（0. 0193）	（0. 0077）	（0. 0007）	（0. 0150）	（0. 0113）
officer	− 0. 0443	− 0. 0172	0. 0019	0. 0343	0. 0253
	（0. 0356）	（0. 0136）	（0. 0025）	（0. 0274）	（0. 0203）

续表

解释变量	被解释变量：白酒消费行为倾向				
	Y = 1	Y = 2	Y = 3	Y = 4	Y = 5
age	− 0. 0059 （0. 0241）	− 0. 0024 （0. 0096）	0. 0002 （0. 0009）	0. 0046 （0. 0188）	0. 0035 （0. 0141）
marriage	0. 0131 （0. 0556）	0. 0054 （0. 0232）	− 0. 0004 （0. 0014）	− 0. 0103 （0. 0436）	− 0. 0078 （0. 0340）

注：（1）括号内是稳健标准误。
　　（2）***、**、*、分别表示在1%、5%和10%的显著性水平上显著。

　　表5－11报告了消费税凸显性对整体白酒消费者白酒消费行为倾向的边际效应影响。从表5－11的估计结果中可以看出，消费税凸显性对白酒消费者"完全不会"（Y=1）和"可能不会"（Y=2）减少白酒消费行为倾向的边际影响在1%的显著性水平上显著为负，且具体的边际影响分别为－0.1309和－0.0509。这表明与控制组中白酒消费者的白酒消费行为倾向相比，实验组中白酒消费者"完全不会"和"可能不会"减少白酒消费的行为倾向的概率分别下降了13.09%和5.09%，即在消费税凸显性较高的情境下，白酒消费者"完全不会"和"可能不会"减少白酒消费行为倾向的概率分别下降了13.09%和5.09%。但是，消费税凸显性对白酒消费者"可能会"（Y=4）和"完全会"（Y=5）减少白酒消费行为倾向的边际影响在1%的显著性水平上显著为正，且具体的边际影响分别为0.1002和0.0768。这表明与控制组中白酒消费者的白酒消费行为倾向相比，实验组中白酒消费者"可能会"和"完全会"减少白酒消费行为倾向的概率分别增加了10.02%和7.68%，即在消费税凸显性较高的情境下，白酒消费者"可能会"和"完全会"减少白酒消费行为倾向的概率分别增加了10.02%和7.68%。此外，收入水平变量对白酒消费者"完全不会"（Y=1）和"可能不会"（Y=2）减少白酒消费行为倾向的边际影响在5%的显著性水平上显著为正，且具体的边际影响为0.0325和0.0130。这表明，在均值处，收入水平变量每增

加一个单位，白酒消费者"完全不会"和"可能不会"减少白酒消费行为倾向的概率分别增加了 3.25% 和 1.30%。但是，收入水平变量对白酒消费者"可能会"（Y = 4）和"完全会"（Y = 5）减少白酒消费行为倾向的边际影响在 5% 的显著性水平上显著为负，且具体的边际影响为 −0.0253 和 −0.0190。这表明，在均值处，收入水平变量每增加一个单位，白酒消费者"可能会"和"完全会"减少白酒消费行为倾向的概率分别下降了 2.53% 和 1.90%。

表 5 − 12　　不同"健康状况"白酒消费者样本的边际效应估计结果

解释变量	健康状况	被解释变量：白酒消费行为倾向				
		Y = 1	Y = 2	Y = 3	Y = 4	Y = 5
Tax − salience	好	− 0. 1333 *** (0. 0461)	− 0. 0473 *** (0. 0179)	0. 0013 (0. 0061)	0. 1086 *** (0. 0379)	0. 0707 *** (0. 0267)
	差	− 0. 1364 *** (0. 0484)	− 0. 0620 ** (0. 0256)	0. 0131 (0. 0117)	0. 0951 *** (0. 0334)	0. 0902 ** (0. 0367)
Income	好	0. 0420 ** (0. 0188)	0. 0153 ** (0. 0072)	− 0. 0004 (0. 0020)	− 0. 0348 ** (0. 0154)	− 0. 0221 ** (0. 0105)
	差	0. 0222 (0. 0199)	0. 0104 (0. 0098)	− 0. 0022 (0. 0027)	− 0. 0158 (0. 0147)	− 0. 0146 (0. 0129)
Education	好	− 0. 0133 (0. 0204)	− 0. 0048 (0. 0074)	0. 0001 (0. 0006)	0. 0110 (0. 0168)	0. 0070 (0. 0108)
	差	0. 0218 (0. 0260)	0. 0102 (0. 0127)	− 0. 0021 (0. 0031)	− 0. 0155 (0. 0186)	− 0. 0144 (0. 0177)
Officer	好	− 0. 0747 (0. 0504)	− 0. 0255 (0. 0166)	0. 0015 (0. 0038)	0. 0612 (0. 0405)	0. 0375 (0. 0251)
	差	0. 0047 (0. 0518)	0. 0022 (0. 0243)	− 0. 0005 (0. 0051)	− 0. 0034 (0. 0369)	− 0. 0031 (0. 0341)
Age	好	0. 0049 (0. 0309)	0. 0018 (0. 0112)	− 0. 0000 (0. 0004)	− 0. 0040 (0. 0255)	− 0. 0026 (0. 0162)
	差	− 0. 0130 (0. 0382)	− 0. 0061 (0. 0177)	0. 0013 (0. 0039)	0. 0093 (0. 0270)	0. 0086 (0. 0251)

解释变量	健康状况	被解释变量：白酒消费行为倾向				
		Y = 1	Y = 2	Y = 3	Y = 4	Y = 5
Marriage	好	− 0. 0539 (0. 0846)	− 0. 0177 (0. 0249)	0. 0015 (0. 0048)	0. 0440 (0. 0676)	0. 0260 (0. 0379)
	差	0. 0716 (0. 0712)	0. 0380 (0. 0416)	− 0. 0037 (0. 0061)	− 0. 0520 (0. 0507)	− 0. 0539 (0. 0619)

注：（1）括号内是稳健标准误。

（2）***、**、*、分别表示在1%、5%和10%的显著性水平上显著。

表5 – 12 报告了消费税凸显性对"健康状况—好"和"健康状况—差"白酒消费者白酒消费行为倾向影响的计算结果。从表5 – 12 的计算结果中可以看出，消费税凸显性对"健康状况—好"白酒消费者"完全不会"（Y = 1）和"可能不会"（Y = 2）减少白酒消费行为倾向的边际影响在 1% 的显著性水平上显著为负，且具体的边际影响分别为 − 0. 1333 和 − 0. 0473。这表明与控制组中"健康状况—好"白酒消费者的白酒消费行为倾向相比，实验组中"健康状况—好"白酒消费者"完全不会"和"可能不会"减少白酒消费行为倾向的概率分别下降了 13. 33% 和 4. 73%，即在消费税凸显性较高的情境下，"健康状况—好"白酒消费者"完全不会"和"可能不会"减少白酒消费行为倾向的概率分别下降了 13. 33% 和 4. 73%。但是，消费税凸显性对"健康状况—好"白酒消费者"可能会"（Y = 4）和"完全会"（Y = 5）减少白酒消费行为倾向的边际影响在 1% 的显著性水平上显著为正，且具体的边际影响分别为 0. 1086 和 0. 0707。这表明与控制组中"健康状况—好"白酒消费者的白酒消费行为倾向相比，实验组中"健康状况—好"白酒消费者"可能会"和"完全会"减少白酒消费行为倾向的概率分别增加了 10. 86% 和 7. 07%，即在消费税凸显性较高的情境下，"健康状况—好"白酒消费者"可能会"和"完全会"减少白酒消费行为倾向的概率分别增加了 10. 86% 和 7. 07%。

此外，从表5－12的计算结果中还可以看出，消费税凸显性对"健康状况—差"白酒消费者"完全不会"（Y＝1）和"可能不会"（Y＝2）减少白酒消费行为倾向的边际影响分别在1％和5％的显著性水平上显著为负，且具体的边际影响分别为－0.1364和－0.0620。这表明与控制组中"健康状况—差"白酒消费者的白酒消费行为倾向相比，实验组中"健康状况—差"白酒消费者"完全不会"和"可能不会"减少白酒消费行为倾向的概率分别下降了13.64％和6.20％，即在消费税凸显性较高的情境下，"健康状况—差"白酒消费者"完全不会"和"可能不会"减少白酒消费行为倾向的概率分别下降了13.64％和6.20％。但是，消费税凸显性对"健康状况—差"白酒消费者"可能会"（Y＝4）和"完全会"（Y＝5）减少白酒消费行为倾向的边际影响分别在1％和5％的显著性水平上显著为正，且具体的边际影响分别为0.0951和0.0902。这表明与控制组中"健康状况—差"白酒消费者的白酒消费行为倾向相比，实验组中"健康状况—差"白酒消费者"可能会"和"完全会"减少白酒消费行为倾向的概率分别增加了9.51％和9.02％，即在消费税凸显性较高的情境下，"健康状况—差"白酒消费者"可能会"和"完全会"减少白酒消费行为倾向的概率分别增加了9.51％和9.02％。

表5－13报告了消费税凸显性对"担任行政或管理职务"和"未担任行政或管理职务"白酒消费者白酒消费行为倾向影响的计算结果。从表5－13的计算结果中可以看出，消费税凸显性对"担任行政或管理职务"白酒消费者"完全不会"（Y＝1）和"可能不会"（Y＝2）减少白酒消费行为倾向的边际影响分别在1％和5％的显著性水平上显著为负，且具体的边际影响分别为－0.1196和－0.0522。这表明与控制组中"担任行政或管理职务"白酒消费者的白酒消费行为倾向相比，实验组中"担任行政或管理职务"白酒消费者"完全不会"和"可能不会"减少白酒消费行为倾向的概率分别下降了11.96％和5.22％，即在消费税凸显性较高的情境下，"担任行政或管理职务"白酒消费者"完全不会"

和"可能不会"减少白酒消费行为倾向的概率分别下降了11.96%和5.22%。但是，消费税凸显性对"担任行政或管理职务"白酒消费者"可能会"（Y=4）和"完全会"（Y=5）减少白酒消费行为倾向的边际影响分别在1%和5%的显著性水平上显著为正，且具体的边际影响分别为0.0847和0.0831。这表明与控制组中"担任行政或管理职务"白酒消费者的白酒消费行为倾向相比，实验组中"担任行政或管理职务"白酒消费者"可能会"和"完全会"减少白酒消费行为倾向的概率分别增加了8.47%和8.31%，即在消费税凸显性较高的情境下，"担任行政或管理职务"白酒消费者"可能会"和"完全会"减少白酒消费的行为倾向的概率分别增加了8.47%和8.31%。

此外，从表5-13的计算结果中还可以看出，消费税凸显性对"未担任行政或管理职务"白酒消费者"完全不会"（Y=1）和"可能不会"（Y=2）减少白酒消费行为倾向的边际影响在5%的显著性水平上显著为负，且具体的边际影响分别为−0.1370和−0.0475。这表明与控制组中"未担任行政或管理职务"白酒消费者的白酒消费行为倾向相比，实验组中"未担任行政或管理职务"白酒消费者"完全不会"和"可能不会"减少白酒消费行为倾向的概率分别下降了13.70%和4.75%，即在消费税凸显性较高的情境下，"未担任行政或管理职务"白酒消费者"完全不会"和"可能不会"减少白酒消费行为倾向的概率分别下降了13.70%和4.75%。但是，消费税凸显性对"未担任行政或管理职务"白酒消费者"可能会"（Y=4）和"完全会"（Y=5）减少白酒消费行为倾向的边际影响在5%的显著性水平上显著为正，且具体的边际影响分别为0.1183和0.0603。这表明与控制组中"未担任行政或管理职务"白酒消费者的白酒消费行为倾向相比，实验组中"未担任行政或管理职务"白酒消费者"可能会"和"完全会"减少白酒消费行为倾向的概率分别增加了11.83%和6.03%，即在消费税凸显性较高的情境下，"未担任行政或管理职务"白酒消费者"可能会"和"完全会"减少白酒消费行为倾向的概率分别增加了 11.83% 和 6.03%。

表 5 – 13   是否"担任行政或管理职务"样本的边际效应估计结果

解释变量	担任行政或管理职务	被解释变量：白酒消费行为倾向				
		Y = 1	Y = 2	Y = 3	Y = 4	Y = 5
Tax – salience	是	– 0. 1196 *** (0. 0444)	– 0. 0522 ** (0. 0207)	0. 0040 (0. 0066)	0. 0847 *** (0. 0306)	0. 0831 ** (0. 0331)
	否	– 0. 1370 ** (0. 0539)	– 0. 0475 ** (0. 0214)	0. 0059 (0. 0094)	0. 1183 ** (0. 0491)	0. 0603 ** (0. 0255)
Income	是	0. 0258 (0. 0188)	0. 0117 (0. 0088)	– 0. 0007 (0. 0016)	– 0. 0186 (0. 0138)	– 0. 0182 (0. 0132)
	否	0. 0410 ** (0. 0207)	0. 0142 * (0. 0078)	– 0. 0021 (0. 0030)	– 0. 0358 * (0. 0184)	– 0. 0174 * (0. 0092)
Education	是	0. 0026 (0. 0202)	0. 0012 (0. 0092)	– 0. 0001 (0. 0006)	– 0. 0019 (0. 0146)	– 0. 0018 (0. 0142)
	否	– 0. 0044 (0. 0264)	– 0. 0015 (0. 0091)	0. 0002 (0. 0014)	0. 0039 (0. 0231)	0. 0019 (0. 0111)
Health	是	– 0. 0261 (0. 0237)	– 0. 0119 (0. 0111)	0. 0007 (0. 0016)	0. 0188 (0. 0173)	0. 0184 (0. 0169)
	否	0. 0407 (0. 0319)	0. 0141 (0. 0108)	– 0. 0021 (0. 0034)	– 0. 0355 (0. 0268)	– 0. 0172 (0. 0141)
Age	是	0. 0063 (0. 0307)	0. 0029 (0. 0139)	– 0. 0002 (0. 0010)	– 0. 0045 (0. 0222)	– 0. 0044 (0. 0216)
	否	– 0. 0207 (0. 0393)	– 0. 0072 (0. 0135)	0. 0010 (0. 0025)	0. 0181 (0. 0343)	0. 0088 (0. 0166)
Marriage	是	0. 0269 (0. 0691)	0. 0131 (0. 0362)	– 0. 0003 (0. 0017)	– 0. 0195 (0. 0502)	– 0. 0202 (0. 0559)
	否	– 0. 0048 (0. 0929)	– 0. 0017 (0. 0319)	0. 0002 (0. 0049)	0. 0042 (0. 0808)	0. 0020 (0. 0390)

注：（1）括号内是稳健标准误。
（2）***、**、*、分别表示在 1%、5% 和 10% 的显著性水平上显著。

综上所述，消费税凸显性对烟草消费者和白酒消费者的消费行为倾向均存在显著的影响，在消费税凸显性较高的情境下，烟草消费者和白酒消费者减少卷烟和白酒消费的行为倾向会更高。这可能主要是由于以下两点原因：第一，烟草和白酒消费税的税率比较高，税负相对比较重。根据中国现行《消费税暂行条例》的规定，甲类卷烟和乙类卷烟消费税的税率分别高达 67% 和 47%，白酒消费税的税率也高达 20%。第二，在消费税凸显性较高的情境下，即告知烟草消费者和白酒消费者有关卷烟和白酒消费税的税负以及税负由其承担时，由于消费者完全察觉和感知到了卷烟和白酒价格中所包含的消费税与自己所承受的真实税收负担，这在一定程度上减少了消费者对卷烟和白酒的非理性消费行为，同时也提高了消费者的理性消费行为。因此，在消费税凸显性较高的情境下，为了实现自身福利效用最大化，烟草消费者和白酒消费者均会作出更加理性的消费行为决策，从而适当减少对卷烟和白酒的消费需求。

此外，烟草消费者和白酒消费者的收入水平对其卷烟和白酒消费行为倾向均存在显著的影响，即随着收入水平的提高，烟草消费者和白酒消费者减少卷烟和白酒消费的行为倾向会逐步降低。这可能主要是由于不同收入水平的烟草消费者和白酒消费者对卷烟和白酒的需求价格弹性不同，与收入水平较高的烟草消费者和白酒消费者相比，收入水平较低的烟草消费者和白酒消费者的需求价格弹性更高。对卷烟和白酒征收高额的消费税会导致卷烟和白酒价格的提高，而收入水平较低的消费者对卷烟和白酒价格的提高更加敏感。因此，对卷烟和白酒征收高额的消费税会降低低收入消费群体的消费需求，而对高收入消费群体而言并不会显著降低其消费需求。

5.5　本章小结

本章基于中国居民税收意识的现状，从行为经济学的视角出发，实证分析了消费税凸显性对居民消费行为的影响。研究结果表明：在消费税凸显性较高的情境下，居民减少卷烟和白酒消费的行为倾向会更高，这表明在现实的社会经济生活中，消费税凸显性会影响居民的消费行为决策。当消费税凸显性较高时，消费者对商品价格中税收的察觉和感知程度会明显提高，因此，为了实现自身福利效用的最大化，对于消费税税负较高的商品，消费者在进行消费行为决策时会更加理性，从而会减少对高额税负商品的消费需求。

在当前深化财税体制改革，尤其是消费税改革的关键时期，上述研究结论对中国当前的消费税改革具有一定的政策启示。鉴于烟、酒消费税凸显性对消费者的烟、酒消费行为倾向具有显著的正向影响，对于烟、酒等具有负外部性且过度消费会危害消费者健康的商品，在设计消费税的税制时可以考虑采用价外征税的方式，以提高消费税的税收凸显性，从而实现消费税矫正负外部性和调节居民消费行为的作用。实践表明，在当前中国消费税价内计征的税制设计下，通过征收烟、酒消费税来抑制烟、酒消费需求的策略难以发挥其应有的作用。因此，为了有效发挥消费税矫正负外部性和调节居民消费行为的作用，中国在提高烟、酒消费税税率的同时，更为重要的是调整烟、酒消费税的征税环节和计征方式，可以考虑将征税环节调整至零售环节，并采用价外征税的方式，从而提高烟、酒消费税的凸显性，使得消费者能够完全察觉和感知到消费烟、酒时需要承担高额的消费税，进而改变其消费需求，减少对烟、酒的购买和消费。

第6章 税收感知度对居民政府规模偏好的影响

整体而言，当前中国居民的税收感知度相对比较低，因此，居民的税收权利意识依然相对比较淡薄。但是，随着个人所得税、房地产税等直接税改革的逐步推进和深化，中国居民的税收感知度和税收权利意识将会日益提高，与此同时，居民对政府规模和权力的监督意识也可能会逐渐增强。那么，政府规模是否会越来越多地受到社会公众的普遍关注，居民对政府规模的偏好是否会发生显著的变化呢？有鉴于此，本章将根据政府规模"内在规模"与"外在规模"的划分，基于行为经济学的视角，利用微观调查数据，分别实证分析税收感知度对居民"政府权力规模""政府机构与公务员规模"和"行政经费开支规模"偏好的具体影响。

6.1 引言

长期以来，我国的税制结构以间接税为主体，由于间接税的税收凸显性较低，居民对税收的感知度也相对较低，因此，居民的税收权利意识一直相对比较淡薄。但是，近年来随着我国直接税比重与居民税收负担的不断提高，居民的税收感知度和税收痛苦指数日益提高。与此同时，随着居民税收权利意识的觉醒，居民对政府规模和权力的监督意识也在逐渐提高，因此，政府规模越来越多地受到社会公众的普遍关注。党的十八届三中全会审议通过的《中共中央关于全面深化改革若干重大问题的决定》中，明确提出要进一步深化财税体制改革，逐步提高直接税比重；同时也明确提出要进一步简政放权，优化政府组织结构，严格控制机构编制与财政供养人员总量。在当前深化财税体制与行政体制改革的背景下，深入探讨居民税收感知度对其政府规模偏好的影响具有重要的现实意义。

适度的政府规模有利于促进经济增长和提高社会福利水平，而过度膨胀的政府规模不仅有损经济效率和社会公平（文雁兵，2014），还会增加地区腐败案件的发生率和居民的税收负担（周黎安和陶婧，2009）。近年来，随着我国政府规模的日益膨胀，政府规模问题引起了国内学者的广泛关注。为此，国内学者基于宏观的视角，就财税体制与财税政策对政府规模扩张的影响进行了诸多有益的理论探讨与实证研究，但是，国内学者以往的研究主要集中于财政分权和财政转移支付等因素对政府规模的影响。自意大利财政学家普维亚尼（Puviani，1903）提出财政幻觉理论以来，国外学者开始基于纳税人的视角，探讨"财政幻觉"与政府规模的关系，他们的研究指出，由于税制和公共预算过程的复杂性，纳税人会低估税收负担和公共产品的成本，从而支持更多的政府支出（Buchanan，1960；Wagner，1976）。近年来，尽管国内学者也从"财政幻觉"角度对政府规模扩张的问题进行了初步的探讨（刘金全等，2004；文娟和沈映春，2008；徐诗举，2009；孙琳和汤蛟伶，2010），但鲜有学者基于行为经济学的视角，从纳税人的主观角度出发，探讨税收感知度对居民政府规模偏好的影响。

近年来，以 Chetty 等（2009）等为代表的国外学者的研究发现，税收凸显性会直接影响居民的税收感知度，并进而会影响居民的行为偏好。因此，直接税比重的提高意味着税收凸显性的提高，而税收凸显性的提高则会导致居民税收感知度的提高。随着居民税收感知度的提高，居民的税收权利意识以及对政府规模和权力的监督意识也必将日益提高。有鉴于此，本章将基于行为经济学的视角，利用微观调查数据实证分析税收感知度对居民政府规模偏好的具体影响。与以往的研究相比，本章主要有如下贡献与创新点：第一，以往的研究主要从政府的视角出发，基于"利维坦假说""粘蝇纸效应"和"财政幻觉"等理论，研究政府规模膨胀的原因及影响因素，而本章的研究主要从居民（纳税人）的视角出发，基于行为经济学视角和"税收凸显性"理论，研究居民的政府规模偏好。第二，以往的研究主要考察财政分权、转移支付和税制结构等因素对政府财政支出规模的影响，而本章则根据政府"内在规模"与"外在规模"的划分（鲍静，2011），重点考察了税收感知度对居民"政府权力规模""政府机构与公务员规模"和"行政经费开支规模"偏好的影响。第三，以往研究中利用的数据是省级面板数据或者国家层面的时间序列数据，而本章研究中所采用的数据主要来源于华中科技大学课题组对居民进行的微观调查数据。

6.2　相关文献评述

政府规模问题作为公共财政与公共管理领域的热点问题，长期以来，备受国内外学者的广泛关注。为了分析财税体制与财税政策对政府规模扩张的影响，国内外学者分别从财政分权、转移支付和财政幻觉等多个角度进行了理论与实证探讨。此外，近年来，国外学者还逐渐开始从税收凸显性的视角探讨居民的行为偏好问题。

财政分权与政府规模：布伦南和布坎南（Brenan and Buchanan，1980）提出的"利维坦"假说认为财政分权能够有效遏制地方政府规模的扩张。然而，国外学者针对"利维坦"假说进行的实证检验，并未得出一致的结论（Oates，1985，1989；Heil，1991；Grossman，1989；Rodden，2003；DeMello，2001；Jin and Zou，2002）。为了验证"利维坦"假说在中国是否成立，国内学者也进行了诸多的实证研究，但是，由于国内学者采用的财政分权指标、数据和研究方法的不同，导致其研究结论也存在很大的分歧。如庄玉乙和张光（2012）等国内学者利用中国省际面板数据的实证研究发现，财政分权有助于抑制地方政府规模。但是，孙群力（2008）、张永杰和耿强（2011）等学者的实证研究则发现，中国的财政分权扩大了地方政府的规模，"利维坦"假说在中国并不成立。

财政转移支付与政府规模：Bradford 和 Otaes（1971）等学者以往的理论研究认为，无条件转移支付相当于一定量的减税，不会导致政府支出的增加，并且地方政府会通过减税或收入的形式将获得的转移支付返还给本地居民（Bailey and Connolly，1998）。但是，国外学者的实证研究发现，转移支付相对于本地的财政收入而言，会使得地方政府规模出现更严重的膨胀，这一现象被称为"粘蝇纸效应"（Brennan and Pincus，1996；Levaggi and Zanola，2003；Dahlby，2011）。近年来，为了解释中国地方政府规模扩张的原因，国内学者利用中国的数据对"粘蝇纸效应"进行了一系列的实证检验。如范子英和张军（2010，2013）利用中国省级面板数据的实证研究发现，中央对地方的转移支付能够产生非常强的"粘蝇纸效应"。此外，吕炜和赵佳佳（2015）、刘怡和刘维刚（2015）等国内学者的研究也进一步证实了"粘蝇纸效应"的存在。

财政幻觉与政府规模：Buchanan（1960）和 Wagner（1976）等学者的研究指出，由于税制和公共预算过程的复杂性，纳税人会低估税收负担和公共产品的成本，从而支持更多的政府支出。国外学者的实证研究也发现，"财政幻觉"会扭曲纳税人的公共产品偏好，使纳税人产生"过多"的公共需求，进而导致政府支出规模的扩张（Gemmell et al.，1999；Sausgruber and Tyran，2005；Sanandaji and Wallace，2011）。近年来，部分国内学者也从"财政幻觉"的视角对政府规模扩张的问题进行了解释。如刘金全等（2004）的研究发现，我国财政支出受到一定程度的"财政幻觉"影响，"预期幻觉"和"赤字幻觉"都显著地提高了政府支出，并且增加了公众对于公共支出的需求。徐诗举（2009）认为，纳税人低估税收负担的财政乐观幻觉扩大了公共支出和政府规模，但纳税人高估税收负担的财政悲观幻觉会加剧纳税人的厌税情绪，造成公共支出规模和公共服务水平下降。

　　税收凸显性与居民行为偏好：随着行为经济理论在税收经济学领域的应用，针对"税收低估"问题，Chetty（2009）等国外学者提出了"税收凸显性"的概念，并将其定义为税收对纳税人或税负承担者的易见程度。国外的研究已经证实，税收凸显性会影响居民对税收的认知和理解程度，即居民的税收感知度与税收凸显性密切相关，同时，居民的税收感知度还会进一步影响其行为选择与偏好。Kurokawa 等（2016）进行的一项实验研究发现，税收凸显性会导致居民出现"税率错觉"，由于消费税的凸显性低于个人所得税，实验参与者对消费税的计算存在错误的认知和理解。Fisher 和 Wassmer（2015）以美国加州和密歇根州汽油税为例的研究发现，税收感知度会影响选民对通过增加州汽油税来改善高速公路政策的支持度。

　　综上所述，国外学者为了解释财税体制与财税政策对政府规模的影响，分别提出了"利维坦"假说、"粘蝇纸效应"和"财政幻觉"等理论，此后，国内外学者分别利用各国的数据实证分析了财政分权、转移支付和财政幻觉等因素对政府规模扩张的影响。尽管国内学者对我国政府规模扩张的原因进行了诸多有益的探讨与实证研究，但是，关于居民（纳税人）对政府规模偏好问题的研究则鲜见。在当前开放性的国际背景下，随着我国居民税收权利意识与税收痛苦指数的不断提高，居民对政府规模的关注度以及对政府权力的监督意识也在发生变化，因此，从纳税人的角度出发，研究居民对政府规模的偏好问题具有重要的现实意义。为此，本章基于行为经济学的视角，利用微观调查数据，实证分析了税收感知度对居民政府规模偏好的影响。

6.3　计量模型与数据说明

6.3.1　数据来源与说明

　　本章采用的数据来源于华中科技大学课题组与华中师范大学课题组的社会调查与"问卷星"平台的网络调查。2015 年 7 月 ~2015 年 12 月华中科技大学与华中师范大学课题组的成员在湖北武汉、湖南长沙、安徽合肥和河南郑州、洛阳等地随机调查了 923 位居民，同时课题组还通过"问卷星"网络调查平台随机调查了来自北京、上海、江苏和广东等全国 23 个省市的 829 位居民，最后共计获得样本 1752 个。课题组在对调查问卷进行整理汇总的过程中，对于存在较多空白的问卷、人口统计学变量严重缺失的问卷以及连续多个题目答案相同的问卷，统一被认定为无效问卷并予以剔除，最后共计获得有效样本 1623 个，有效样本率为 92.64%。需要特别说明的是，课题组在数据采集的过程中，为了保证问卷填写的质量，采用了有偿填写问卷的方式，对于被调查者给予了一定的现金补偿。

6.3.2　变量定义与描述统计

　　本章的被解释变量是居民政府规模偏好，用以度量居民对限制"政府规模"的偏好程度。为了测量居民的政府规模偏好程度，根据政府"内在规模"与"外在规模"的划分标准，从"政府权力规模""政府机构与公务员规模"和"行政经费开支规模"三个维度来度量政府规模，采用李克特五点量表法来测量居民的政府规模偏好。具体而言，采用对问卷"您对政府'简政放权'（如取消下放行政审批事项等）的态度"问题的回答来度量居民对"政府权力规模"的偏好；采用对问卷"您对政府精简行政机构与公务员数量的态度"问题的回答来度量居民对"政府机构与公务员规模"的偏好；采用对问卷"您对政府削减'行政经费'开支的态度"问题的回答来度量居民对"行政经费开支规模"的偏好。问卷要求被调查的居民在"完全不赞同""比较不赞同""无所谓""比较赞同"和"完全赞同"五个选项之间进行选择，并且将其分别赋值为 1、2、3、4、5，其中 1 表示"完全不赞同"，5 表示"完全赞同"，因此，数值越大，表示居民对限制政府规模的偏好越强烈。

本章的核心解释变量是居民的"税收感知度"（*Taxperception*），用以度量居民对自己纳税情况的感知程度。具体而言，采用对问卷"您了解自己的纳税情况（所纳税种、税额、纳税途径等）吗"问题的回答来度量居民的税收感知度，问卷要求被调查的居民在"完全不了解""比较不了解""一般""比较了解"和"完全了解"五个选项之间进行选择。此外，考虑到"税收负担""收入水平"和"教育水平"等因素也可能会影响到居民的政府规模偏好，因此，为了实证分析的需要，课题组还采集了被调查居民的"性别"（*Gender*）、"年龄"（*Age*）、"婚姻状况"（*Marriage*）、"教育水平"（*Education*）、"收入水平"（*Income*）和"税收负担"（*Taxburden*）等个体特征信息作为控制变量。上述各主要变量的定义和说明如表 6-1 所示。

表 6-1   主要变量的定义与说明

变量名称	变量说明	赋值
政府权力规模偏好	您对政府"简政放权"（如取消下放行政审批事项等）的态度？	1 表示"完全不赞同"，2 表示"比较不赞同"，3 表示"无所谓"，4 表示"比较赞同"，5 表示"完全赞同"

续表

变量名称	变量说明	赋值
政府机构与公务员规模偏好	您对政府精简行政机构与公务员数量的态度是？	1 表示"完全不赞同"，2 表示"比较不赞同"，3 表示"无所谓"，4 表示"比较赞同"，5 表示"完全赞同"
行政经费开支规模偏好	您对政府削减"行政经费"开支的态度？	1 表示"完全不赞同"，2 表示"比较不赞同"，3 表示"无所谓"，4 表示"比较赞同"，5 表示"完全赞同"
税收感知度	您了解自己的纳税情况（所纳税种、税额、纳税途径等）吗？	1 表示"完全不了解"，2 表示"比较不了解"，3 表示"一般"，4 表示"比较了解"，5 表示"完全了解"
税收负担	您觉得当前您所承受的税收负担重吗？	1 表示"非常轻"，2 表示"比较轻"，3 表示"一般"，4 表示"比较重"，5 表示"非常重"
教育水平	您的最高学历？	1 表示"小学"，2 表示"初中"，3 表示"高中/中专"，4 表示"大专"，5 表示"本科"，6 表示"研究生"
收入水平	您平均每月的收入情况（元）？	1 表示"2000 以下"，2 表示"2001～3500"，3 表示"3501～5000"，4 表示"5001～8000"，5 表示"8001～12000"，6 表示"12000 以上"
性别	您的性别？	1 表示"男"，0 表示"女"
年龄	您的年龄？	1 表示"18～24 岁"，2 表示"25～34 岁"，3 表示"35～44 岁"，4 表示"45～54 岁"，5 表示"55～64 岁"，6 表示"65 岁以上"
婚姻状况	您的婚姻状况？	1 表示"已婚"，0 表示"未婚"

图 6-1 和图 6-2 分别报告了居民对限制政府"内在规模"与"外在规模"偏好的具体情况。从图 6-1 中可以看出，在参与调查的居民中，仅有 2.90% 和 5.91% 的受访者分别表示"完全不赞同"和"比较不赞同"限制"政府权力规模"，而"比较赞同"和"完全赞同"限制"政府权力规模"的受访者则分别占 38.20% 和 22.24%，此外，还有 30.75% 的受访者对限制"政府权力规模"的态度是"无所谓"。从图 6-2 中可以看出，仅有 3.14% 和 1.54% 的受访者分别表示"完全不赞同"限制"政府机构与公务员规模"和削减"行政经费开支规模"，"比较不赞同"限制"政府机构与公务员规模"和削减"行政经费开支

规模"的受访者也分别仅占 7.27% 和 2.83% ,而"比较赞同"限制
"政府机构与公务员规模"和削减"行政经费开支规模"的受访者则分
别占 37.40% 和 32.22% ,"完全赞同"限制"政府机构与公务员规模"
和削减"行政经费开支规模"的受访者则分别占 27.30% 和 47.07% 。
由此可见,我国居民对限制"政府权力规模""政府机构与公务员规模"
和削减"行政经费开支规模"的偏好存在较大的差异性。

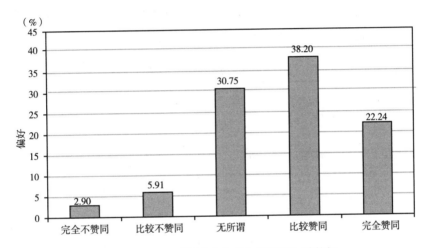

图 6-1　居民对限制政府"内在规模"的偏好

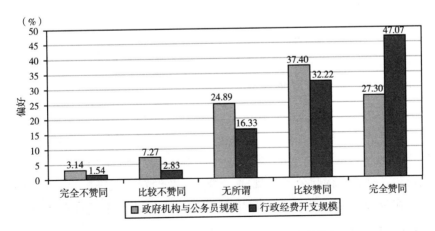

图 6-2　居民对限制政府"外在规模"的偏好

表6-2报告了各主要变量的描述性统计结果。从表6-2中可以看出，居民对限制"政府权力规模""政府机构与公务员规模"和"行政经费开支规模"偏好的均值分别为3.71、3.78和4.21，这在一定程度上表明，当前我国的"政府权力规模""政府机构与公务员规模"和"行政经费开支规模"还相对较大，居民要求政府"简政放权"、精简"机构与公务员数量"和削减"行政经费开支规模"的愿望还相对比较强烈。此外，居民"税收感知度"的均值为2.47，这表明，整体而言，当前我国居民对自己纳税情况的感知度还相对比较低。

表6-2　　　　　　　**主要变量的描述性统计结果**

变量名称	样本数	最小值	最大值	均值	标准差
政府权力规模偏好	1623	1	5	3.71	0.97
政府机构与公务员规模偏好	1623	1	5	3.78	1.03
行政经费开支规模偏好	1623	1	5	4.21	0.92
税收感知度	1623	1	5	2.47	1.19
税收负担	1623	1	5	2.99	1.00
教育水平	1623	1	6	4.35	1.14
收入水平	1623	1	6	2.57	1.42
性别	1623	0	1	0.52	0.50
年龄	1623	1	5	2.33	1.06
婚姻状况	1623	0	1	0.56	0.50

6.3.3　计量模型的设定

本章的被解释变量是居民的政府规模偏好（GSP），是取值范围为1~5的有序离散变量。为了实证分析税收感知度分别对居民"政府权力规模""政府机构与公务员规模"和"行政经费开支规模"偏好的影响，在参考国内外学者现有研究的基础上，构建如下具体的 Ordered Probit 计量模型。

$$GSP_i = \alpha_0 + \alpha_1\, taxperception_i + \beta\, X_i + \mu_i \qquad (6.1)$$

其中，$taxperception_i$ 表示被调查居民 i 的"税收感知度"；X_i 为一组控制变量，具体包括被调查居民的性别、年龄、婚姻状况、教育水平、收入水平和税收负担等；μ_i 表示与解释变量无关的随机扰动项。对于以上 Ordered Probit 模型而言，只要随机扰动项与解释变量不相关，那么采用极大似然估计的参数就是一致估计量。

6.4　实证分析结果与讨论

为了检验在控制居民的教育水平、收入水平和税收负担等个体特征的基础上，税收感知度对居民政府"内在规模"和"外在规模"偏好的影响，采用被广泛使用的 Ordered Probit 模型对调查数据进行了估计。同时，为了使回归结果更为稳健可信，在具体回归分析的过程中，采用逐步回归的方法。

6.4.1　税收感知度对居民政府"内在规模"偏好的影响

6.4.1.1　全样本回归结果

表 6-3 报告了"政府内在规模"（政府权力规模）偏好对税收感知度的回归结果。为了便于比较分析，模型（1）报告的是在未控制任何变量的情况下，税收感知度对居民"政府权力规模"偏好的估计结果；模型（2）报告的是在控制税收负担的情况下，税收感知度对居民"政府权力规模"偏好的估计结果；模型（3）、模型（4）则进一步依次加入了教育水平、收入水平、性别、年龄和婚姻状况等个体特征变量。

表6-3　政府"内在规模"偏好对税收感知度的全样本回归结果

解释变量	被解释变量：政府"内在规模"（政府权力规模）偏好			
	（1）	（2）	（3）	（4）
Taxperception	0. 2197 ***	0. 2122 ***	0. 1839 ***	0. 1678 ***
	（0. 0233）	（0. 0237）	（0. 0245）	（0. 0250）
Taxburden		0. 0630 **	0. 0518 *	0. 0179
		（0. 0294）	（0. 0302）	（0. 0306）
Education			0. 1949 ***	0. 2770 ***
			（0. 0245）	（0. 0284）
Income			0. 0507 **	− 0. 0213
			（0. 0225）	（0. 0240）
Gender				0. 3655 ***
				（0. 0554）
Age				0. 1455 ***
				（0. 0412）
Marriage				0. 1920 **
				（0. 0886）
N	1623	1623	1623	1623
Waldchi2	88. 78	95. 75	148. 01	242. 15
Prob > chi2	0. 0000	0. 0000	0. 0000	0. 0000
R^2	0. 0216	0. 0228	0. 0382	0. 0591

注：（1）括号内是稳健标准误。

　　（2）*** 、** 、* 分别表示在1%、5%和10%的显著性水平上显著。

从表6-3的估计结果中可以看出，尽管随着控制变量的逐步加入，税收感知度的估计系数略有降低，但是，其在模型（1）、模型（2）、模型（3）、模型（4）中均在1%的显著性水平上显著为正，表明税收感知度的估计结果是比较稳健的。同时，也说明税收感知度对居民"政府权力规模"偏好具有显著的正向影响，即居民的税收感知度越高，其对限制"政府权力规模"的偏好越强烈。可见，税收感知度高的居民，其税收权利意识和民主法治意识也相对较高，他们更能意识到"政府权力规模"过度膨胀的危害。因此，随着居民税收感知度的提高，其对限制"政府权力规模"的偏好会更加强烈。

但是，在控制居民的教育水平、收入水平等个体特征变量后，税收负担的估计系数在模型（4）中并不显著，表明税收负担对居民的"政府权力规模"偏好不具有显著的影响。这主要是由于居民（纳税人）通常错误地认为政府权力的大小与自己的税收负担没有直接关系，即便"政府权力规模"扩张也不会导致自己税收负担的提高。此外，教育水平的估计系数在模型（3）、模型（4）中均在1%的显著性水平上显著为正，表明教育水平对居民的"政府权力规模"偏好具有显著的正向影响，即居民的教育水平越高，其对限制"政府权力规模"的偏好越强烈。可见，教育水平较高的居民，其民主法治意识与政治意识相对较高，他们对"政府权力规模"膨胀的弊端，尤其是"政府权力规模"膨胀对社会经济发展的负面影响有更全面和深刻的认识。因此，随着居民教育水平的提高，其对限制"政府权力规模"的偏好会更加强烈。

6.4.1.2　分样本回归结果

为了进一步检验税收感知度是否会对不同税收负担、收入水平和教育水平居民的政府"内在规模"（政府权力规模）偏好产生不同的影响，我们对不同税收负担、收入水平和教育水平的样本进行了分样本估计，表6-4报告了具体的分样本估计结果。其中模型（5）、模型（6）分别报告了税收感知度对"税收负担—低"和"税收负担—高"居民政府"内在规模"（政府权力规模）偏好的影响，模型（7）、模型（8）分别报告了税收感知度对"收入水平—低"和"收入水平—高"居民政府"内在规模"（政府权力规模）偏好的影响，模型（9）、模型（10）分别报告了税收感知度对"教育水平—低"和"教育水平—高"居民政府"内在规模"（政府权力规模）偏好的影响。

从表6-4的分样本估计结果中可以看出，在模型（5）和模型（6）

中，税收感知度对"税收负担—低"和"税收负担—高"居民政府"内在规模"（政府权力规模）偏好影响的估计系数分别在 1% 和 5% 的显著性水平上显著为正。这表明，随着税收感知度的提高，"税收负担—低"和"税收负担—高"居民对限制"政府权力规模"的偏好都会显著提高。在模型（7）和模型（8）中，税收感知度对"收入水平—低"和"收入水平—高"居民政府"内在规模"（政府权力规模）偏好影响的估计系数均在 1% 的显著性水平上显著为正。这表明，随着税收感知度的提高，"收入水平—低"和"收入水平—高"居民对限制"政府权力规模"的偏好都会显著提高。在模型（9）和模型（10）中，税收感知度对"教育水平—低"和"教育水平—高"居民政府"内在规模"（政府权力规模）偏好影响的估计系数均在 1% 的显著性水平上显著为正。这表明，随着税收感知度的提高，"教育水平—低"和"教育水平—高"居民对限制"政府权力规模"的偏好都会显著提高。

表 6 - 4　政府"内在规模"偏好对税收感知度的分样本回归结果

解释变量	被解释变量：政府"内在规模"（政府权力规模）偏好					
	（5）	（6）	（7）	（8）	（9）	（10）
	税收负担		收入水平		教育水平	
	低	高	低	高	低	高
Taxperception	0. 1867 *** (0. 0289)	0. 1102 ** (0. 0491)	0. 1627 *** (0. 0287)	0. 1659 *** (0. 0516)	0. 1869 *** (0. 0494)	0. 1735 *** (0. 0291)
Taxburden			0. 0055 (0. 0342)	0. 0568 (0. 0696)	0. 0187 (0. 0696)	0. 0330 (0. 0342)
Education	0. 2621 *** (0. 0326)	0. 3261 *** (0. 0600)	0. 2989 *** (0. 0332)	0. 2221 *** (0. 0543)		
Income	− 0. 0356 (0. 0291)	0. 0093 (0. 0417)			0. 0074 (0. 0459)	− 0. 0347 (0. 0281)
Gender	0. 3764 *** (0. 0646)	0. 3740 *** (0. 1091)	0. 3571 *** (0. 0629)	0. 3487 *** (0. 1187)	0. 1503 (0. 1199)	0. 4077 *** (0. 0634)

续表

解释变量	被解释变量：政府"内在规模"（政府权力规模）偏好					
	（5）	（6）	（7）	（8）	（9）	（10）
	税收负担		收入水平		教育水平	
	低	高	低	高	低	高
Age	0.1435 ***	0.1397 *	0.0675	0.3235 ***	0.1083	0.1403 ***
	(0.0471)	(0.0839)	(0.0464)	(0.0783)	(0.0711)	(0.0506)
Marriage	0.2259 **	0.1228	0.2913 ***	0.0749	−0.0173	0.0586
	(0.1028)	(0.1684)	(0.1022)	(0.1615)	(0.1726)	(0.0979)
N	1191	432	1246	377	408	1215
Waldchi2	172.17	54.66	171.78	79.13	24.70	136.50
Prob > chi2	0.0000	0.0000	0.0000	0.0000	0.0004	0.0000
PseudoR^2	0.0587	0.0528	0.0551	0.0732	0.0248	0.0417

注：（1）括号内是稳健标准误。

（2）***、**、* 分别表示在1%、5%和10%的显著性水平上显著。

（3）税收负担"低"是指"非常轻""比较轻"和"一般"，税收负担"高"是指"比较重"和"非常重"；收入水平"低"是指"5000及以下"，收入水平"高"是指"5000以上"；教育水平"低"是指"高中及以下"，教育水平"高"是指"大专及以上"。

6.4.1.3 边际效应分析

鉴于上述 Ordered Probit 模型的估计结果只能确定税收感知度对居民政府"内在规模"（政府权力规模）偏好影响的方向和显著性，而不能确定税收感知度对居民政府"内在规模"（政府权力规模）偏好取值概率的影响。因此，为了比较分析税收感知度对居民政府"内在规模"（政府权力规模）偏好取值概率的影响，在表6-3模型（4）的基础上，进一步计算了税收感知度对居民政府"内在规模"（政府权力规模）偏好影响的全样本边际效应，具体计算结果如表6-5所示。并在表6-4模型（5）和模型（6）、模型（7）和模型（8）、模型（9）和模型（10）的基础上，分别计算了税收感知度对不同税收负担、收入水平和教育水平居民政府"内在规模"（政府权力规模）偏好影响的分样本边际效应，具体计算结果如表6-6、表6-7和表6-8所示。

表6-5　　　　　　　　　　全样本边际效应估计结果

解释变量	被解释变量：政府"内在规模"（政府权力规模）偏好				
	Y = 1	Y = 2	Y = 3	Y = 4	Y = 5
Taxperception	- 0. 0081 ***	- 0. 0143 ***	- 0. 0417 ***	0. 0171 ***	0. 0470 ***
	(0. 0016)	(0. 0024)	(0. 0065)	(0. 0033)	(0. 0069)
Taxburden	- 0. 0009	- 0. 0015	- 0. 0044	0. 0018	0. 0050
	(0. 0015)	(0. 0026)	(0. 0076)	(0. 0031)	(0. 0086)
Education	- 0. 0134 ***	- 0. 0236 ***	- 0. 0688 ***	0. 0282 ***	0. 0776 ***
	(0. 0022)	(0. 0030)	(0. 0080)	(0. 0044)	(0. 0079)
Income	0. 0010	0. 0018	0. 0053	- 0. 0022	- 0. 0060
	(0. 0012)	(0. 0021)	(0. 0059)	(0. 0025)	(0. 0067)
Gender	- 0. 0183 ***	- 0. 0314 ***	- 0. 0895 ***	0. 0376 ***	0. 1016 ***
	(0. 0035)	(0. 0056)	(0. 0139)	(0. 0068)	(0. 0155)
Age	- 0. 0070 ***	- 0. 0124 ***	- 0. 0361 ***	0. 0148 ***	0. 0408 ***
	(0. 0021)	(0. 0037)	(0. 0103)	(0. 0045)	(0. 0116)
Marriage	- 0. 0096 **	- 0. 0166 **	- 0. 0473 **	0. 0202 **	0. 0533 **
	(0. 0046)	(0. 0079)	(0. 0218)	(0. 0098)	(0. 0243)

注：（1）括号内是稳健标准误。
　　（2）*** 、** 、* 分别表示在1%、5%和10%的显著性水平上显著。

表6-5报告了税收感知度对居民政府"内在规模"（政府权力规模）偏好影响的全样本边际效应。从表6-5的计算结果中可以看出，税收感知度对"完全不赞同"（Y=1）和"比较不赞同"（Y=2）限制"政府权力规模"的边际影响均在1%的显著性水平上显著为负，且具体的边际影响分别为-0.0081和-0.0143。这表明，在均值处，税收感知度变量每增加一单位，居民"完全不赞同"和"比较不赞同"限制"政府权力规模"的概率分别下降了0.81%和1.43%。但是，税收感知度对"比较赞同"（Y=4）和"完全赞同"（Y=5）限制"政府权力规模"的边际影响在1%的显著性水平上显著为正，且具体的边际影响分

别为 0.0171 和 0.0470。这表明，在均值处，税收感知度变量每增加一单位，居民"比较赞同"和"完全赞同"限制"政府权力规模"的概率分别增加了 1.71% 和 4.70%。

表6-6　　　不同"税收负担"样本的边际效应估计结果

解释变量	税收负担	被解释变量：政府"内在规模"（政府权力规模）偏好				
		Y = 1	Y = 2	Y = 3	Y = 4	Y = 5
Taxperception	低	- 0.0074 *** (0.0017)	- 0.0163 *** (0.0029)	- 0.0491 *** (0.0081)	0.0259 *** (0.0048)	0.0470 *** (0.0073)
	高	- 0.0078 ** (0.0038)	- 0.0093 ** (0.0045)	- 0.0212 ** (0.0097)	0.0003 (0.0023)	0.0379 ** (0.0168)
Education	低	- 0.0105 *** (0.0023)	- 0.0229 *** (0.0034)	- 0.0689 *** (0.0095)	0.0363 *** (0.0059)	0.0659 *** (0.0082)
	高	- 0.0231 *** (0.0059)	- 0.0274 *** (0.0066)	- 0.0626 *** (0.0138)	0.0009 (0.0066)	0.1122 *** (0.0205)
Income	低	0.0014 (0.0012)	0.0031 (0.0026)	0.0094 (0.0077)	- 0.0049 (0.0041)	- 0.0090 (0.0073)
	高	- 0.0007 (0.0029)	- 0.0008 (0.0035)	- 0.0018 (0.0080)	0.0000 (0.0002)	0.0032 (0.0144)
Gender	低	- 0.0151 *** (0.0035)	- 0.0327 *** (0.0066)	- 0.0981 *** (0.0173)	0.0507 *** (0.0095)	0.0952 *** (0.0169)
	高	- 0.0291 *** (0.0102)	- 0.0327 *** (0.0113)	- 0.0703 *** (0.0215)	0.0072 (0.0081)	0.1249 *** (0.0356)
Age	低	- 0.0057 *** (0.0020)	- 0.0125 *** (0.0044)	- 0.0377 *** (0.0126)	0.0199 *** (0.0068)	0.0361 *** (0.0119)
	高	- 0.0099 (0.0064)	- 0.0117 (0.0075)	- 0.0268 * (0.0162)	0.0004 (0.0029)	0.0481 * (0.0288)
Marriage	低	- 0.0092 ** (0.0046)	- 0.0199 ** (0.0094)	- 0.0590 ** (0.0267)	0.0316 ** (0.0148)	0.0565 ** (0.0255)
	高	- 0.0090 (0.0125)	- 0.0105 (0.0147)	- 0.0235 (0.0323)	0.0011 (0.0034)	0.0418 (0.0569)

注：（1）括号内是稳健标准误差。
（2）***、**、*分别表示在1%、5%和10%的显著性水平上显著。

表6-6报告了不同"税收负担"样本的边际效应估计结果。从表

6-6的计算结果中可以看出，税收感知度对"税收负担—低"居民"完全不赞同"（Y=1）和"比较不赞同"（Y=2）限制"政府权力规模"的边际影响均在1%的显著性水平上显著为负，且具体的边际影响分别为-0.0074和-0.0163。这表明，在均值处，税收感知度变量每增加一单位，"税收负担—低"居民"完全不赞同"和"比较不赞同"限制"政府权力规模"的概率分别下降了0.74%和1.63%。但是，税收感知度对"税收负担—低"居民"比较赞同"（Y=4）和"完全赞同"（Y=5）限制"政府权力规模"的边际影响在1%的显著性水平上显著为正，且具体的边际影响分别为0.0259和0.0470。这表明，在均值处，税收感知度变量每增加一单位，"税收负担—低"居民"比较赞同"和"完全赞同"限制"政府权力规模"的概率分别增加了2.59%和4.70%。此外，税收感知度对"税收负担—高"居民"完全不赞同"（Y=1）和"比较不赞同"（Y=2）限制"政府权力规模"的边际影响均在5%的显著性水平上显著为负，且具体的边际影响分别为-0.0078和-0.0093。这表明，在均值处，税收感知度变量每增加一单位，"税收负担—高"居民"完全不赞同"和"比较不赞同"限制"政府权力规模"的概率分别下降了0.78%和0.93%。但是，税收感知度对"税收负担—高"居民"完全赞同"（Y=5）限制"政府权力规模"的边际影响在5%的显著性水平上显著为正，且具体的边际影响为0.0379。这表明，在均值处，税收感知度变量每增加一单位，"税收负担—高"居民"完全赞同"限制"政府权力规模"的概率增加了3.79%。

表6-7报告了不同"收入水平"样本的边际效应估计结果。从表6-7的计算结果中可以看出，税收感知度对"收入水平—低"居民"完全不赞同"（Y=1）和"比较不赞同"（Y=2）限制"政府权力规模"的边际影响均在1%的显著性水平上显著为负，且具体的边际影响分别为-0.0071和-0.0151。这表明，在均值处，税收感知度变量每增加一单位，"收入水平—低"居民"完全不赞同"和"比较不赞同"限制

"政府权力规模"的概率分别下降了0.71%和1.51%。但是，税收感知度对"收入水平—低"居民"比较赞同"（Y＝4）和"完全赞同"（Y＝5）限制"政府权力规模"的边际影响在1%的显著性水平上显著为正，且具体的边际影响分别为0.0210和0.0420。这表明，在均值处，税收感知度变量每增加一单位，"收入水平—低"居民"比较赞同"和"完全赞同"限制"政府权力规模"的概率分别增加了2.10%和4.20%。此外，税收感知度对"收入水平—高"居民"完全不赞同"（Y＝1）和"比较不赞同"（Y＝2）限制"政府权力规模"的边际影响均在1%的显著性水平上显著为负，且具体的边际影响分别为－0.0098和－0.0104。这表明，在均值处，税收感知度变量每增加一单位，"收入水平—高"居民"完全不赞同"和"比较不赞同"限制"政府权力规模"的概率分别下降了0.98%和1.04%。但是，税收感知度对"收入水平—高"居民"完全赞同"（Y＝5）限制"政府权力规模"的边际影响在1%的显著性水平上显著为正，且具体的边际影响为0.0563。这表明，在均值处，税收感知度变量每增加一单位，"收入水平—高"居民"完全赞同"限制"政府权力规模"的概率增加了5.63%。

表6－7　　　　　不同"收入水平"样本的边际效应估计结果

解释变量	收入水平	被解释变量：政府"内在规模"（政府权力规模）偏好				
		Y＝1	Y＝2	Y＝3	Y＝4	Y＝5
Taxperception	低	－0.0071 *** (0.0017)	－0.0151 *** (0.0030)	－0.0407 *** (0.0075)	0.0210 *** (0.0044)	0.0420 *** (0.0074)
	高	－0.0098 *** (0.0037)	－0.0104 *** (0.0036)	－0.0397 *** (0.0134)	0.0036 (0.0037)	0.0563 *** (0.0174)
Taxburden	低	－0.0002 (0.0015)	－0.0005 (0.0032)	－0.0014 (0.0086)	0.0007 (0.0044)	0.0014 (0.0088)
	高	－0.0034 (0.0041)	－0.0035 (0.0044)	－0.0136 (0.0168)	0.0012 (0.0018)	0.0193 (0.0237)

续表

解释变量	收入水平	被解释变量：政府"内在规模"（政府权力规模）偏好				
		Y = 1	Y = 2	Y = 3	Y = 4	Y = 5
Education	低	− 0. 0131 *** （0. 0026）	− 0. 0278 *** （0. 0038）	− 0. 0748 *** （0. 0094）	0. 0386 *** （0. 0061）	0. 0771 *** （0. 0085）
	高	− 0. 0131 *** （0. 0044）	− 0. 0139 *** （0. 0042）	− 0. 0532 *** （0. 0143）	0. 0048 （0. 0047）	0. 0754 *** （0. 0187）
Gender	低	− 0. 0156 *** （0. 0035）	− 0. 0328 *** （0. 0066）	− 0. 0887 *** （0. 0162）	0. 0443 *** （0. 0085）	0. 0928 *** （0. 0169）
	高	− 0. 0234 ** （0. 0100）	− 0. 0233 ** （0. 0098）	− 0. 0818 *** （0. 0282）	0. 0147 （0. 0099）	0. 1138 *** （0. 0375）
Age	低	− 0. 0030 （0. 0020）	− 0. 0063 （0. 0044）	− 0. 0169 （0. 0117）	0. 0087 （0. 0060）	0. 0174 （0. 0120）
	高	− 0. 0191 *** （0. 0066）	− 0. 0202 *** （0. 0071）	− 0. 0775 *** （0. 0195）	0. 0069 （0. 0071）	0. 1098 *** （0. 0266）
Marriage	低	− 0. 0129 ** （0. 0051）	− 0. 0270 *** （0. 0099）	− 0. 0724 *** （0. 0252）	0. 0371 *** （0. 0134）	0. 0752 *** （0. 0264）
	高	− 0. 0046 （0. 0101）	− 0. 0048 （0. 0105）	− 0. 0179 （0. 0387）	0. 0021 （0. 0058）	0. 0251 （0. 0536）

注：（1）括号内是稳健标准误。
（2） *** 、 ** 、 * 分别表示在 1% 、5% 和 10% 的显著性水平上显著。

表 6 - 8 报告了不同"教育水平"样本的边际效应估计结果。从表 6 - 8 的计算结果中可以看出，税收感知度对"教育水平—低"居民"完全不赞同"（Y = 1）和"比较不赞同"（Y = 2）限制"政府权力规模"的边际影响均在 1% 的显著性水平上显著为负，且具体的边际影响分别为 − 0. 0231 和 − 0. 0114。这表明，在均值处，税收感知度变量每增加一单位，"教育水平—低"居民"完全不赞同"和"比较不赞同"限制"政府权力规模"的概率分别下降了 2. 31% 和 1. 14% 。但是，税收感知度对"教育水平—低"居民"比较赞同"（Y = 4）和"完全赞同"

（Y＝5）限制"政府权力规模"的边际影响在1%的显著性水平上显著为正，且具体的边际影响分别为 0.0308 和 0.0420。这表明，在均值处，税收感知度变量每增加一单位，"教育水平—低"居民"比较赞同"和"完全赞同"限制"政府权力规模"的概率分别增加了 3.08% 和 4.20%。此外，税收感知度对"教育水平—高"居民"完全不赞同"（Y＝1）和"比较不赞同"（Y＝2）限制"政府权力规模"的边际影响均在1%的显著性水平上显著为负，且具体的边际影响分别为 −0.0053 和 −0.0171。这表明，在均值处，税收感知度变量每增加一单位，"教育水平—高"居民"完全不赞同"和"比较不赞同"限制"政府权力规模"的概率分别下降了 0.53% 和 1.71%。但是，税收感知度对"教育水平—高"居民"比较赞同"（Y＝4）和"完全赞同"（Y＝5）限制"政府权力规模"的边际影响在1%的显著性水平上显著为正，且具体的边际影响分别为 0.0091 和 0.0529。这表明，在均值处，税收感知度变量每增加一单位，"教育水平—高"居民"比较赞同"和"完全赞同"限制"政府权力规模"的概率分别增加了 0.91% 和 5.29%。

表 6-8　　　　　不同"教育水平"样本的边际效应估计结果

解释变量	教育水平	被解释变量：政府"内在规模"（政府权力规模）偏好				
		Y＝1	Y＝2	Y＝3	Y＝4	Y＝5
Taxperception	低	−0.0231 *** (0.0068)	−0.0114 *** (0.0037)	−0.0383 *** (0.0114)	0.0308 *** (0.0091)	0.0420 *** (0.0112)
	高	−0.0053 *** (0.0015)	−0.0171 *** (0.0032)	−0.0396 *** (0.0070)	0.0091 *** (0.0028)	0.0529 *** (0.0088)
Taxburden	低	−0.0023 (0.0086)	−0.0011 (0.0042)	−0.0038 (0.0143)	0.0031 (0.0115)	0.0042 (0.0157)
	高	−0.0010 (0.0011)	−0.0033 (0.0034)	−0.0075 (0.0078)	0.0017 (0.0018)	0.0101 (0.0105)

解释变量	教育水平	被解释变量：政府"内在规模"（政府权力规模）偏好				
		Y = 1	Y = 2	Y = 3	Y = 4	Y = 5
Income	低	−0.0009 (0.0057)	−0.0005 (0.0028)	−0.0015 (0.0094)	0.0012 (0.0076)	0.0017 (0.0103)
	高	0.0011 (0.0009)	0.0034 (0.0028)	0.0079 (0.0064)	−0.0018 (0.0016)	−0.0106 (0.0085)
Gender	低	−0.0187 (0.0148)	−0.0092 (0.0077)	−0.0306 (0.0248)	0.0248 (0.0199)	0.0337 (0.0270)
	高	−0.0131*** (0.0034)	−0.0407*** (0.0073)	−0.0918*** (0.0148)	0.0222*** (0.0061)	0.1233*** (0.0193)
Age	低	−0.0134 (0.0087)	−0.0066 (0.0046)	−0.0222 (0.0151)	0.0178 (0.0119)	0.0243 (0.0161)
	高	−0.0043** (0.0018)	−0.0138*** (0.0053)	−0.0320*** (0.0116)	0.0073** (0.0033)	0.0428*** (0.0154)
Marriage	低	0.0021 (0.0210)	0.0011 (0.0104)	0.0036 (0.0360)	−0.0028 (0.0282)	−0.0039 (0.0392)
	高	−0.0018 (0.0029)	−0.0058 (0.0096)	−0.0134 (0.0224)	0.0030 (0.0050)	0.0179 (0.0300)

注：（1）括号内是稳健标准误。

（2）***、**、*分别表示在1%、5%和10%的显著性水平上显著。

6.4.2 税收感知度对居民政府"外在规模"偏好的影响

6.4.2.1 全样本回归结果

表6-9报告了"政府机构与公务员规模"偏好对税收感知度的回归结果。为了便于比较分析，模型（11）报告的是在未控制任何变量的情况下，税收感知度对"政府机构与公务员规模"偏好的估计结

果，模型（12）、模型（13）、模型（14）则进一步依次加入了税收负担、教育水平、收入水平、性别、年龄和婚姻状况等个体特征变量。从表6-9的估计结果中可以看出，尽管随着控制变量的逐步加入，税收感知度的估计系数有所降低，但是，其在模型（11）、模型（12）、模型（13）、模型（14）中均在1%的显著性水平上显著为正，表明税收感知度的估计结果是比较稳健的。同时也说明税收感知度对"政府机构与公务员规模"偏好具有显著的正向影响，即居民的税收感知度越高，其对限制"政府机构与公务员规模"的偏好越强烈。

此外，税收负担的估计系数在模型（12）、模型（13）和模型（14）中分别在1%和5%的显著性水平上显著为正，说明税收负担对"政府机构与公务员规模"偏好同样具有显著的正向影响，即居民的税收负担越重，其对限制"政府机构与公务员规模"的偏好越强烈。可见，"政府机构与公务员规模"的扩张意味着财政预算规模的增加，而财政预算规模的增加则意味着居民税收负担的增加。因此，随着税收感知度和税收负担的提高，居民作为理性经济人，为了降低自身的税收负担，其对限制"政府机构与公务员规模"的偏好会更强烈。教育水平的估计系数在模型（13）和模型（14）中均在1%的显著性水平上显著为正，说明教育水平对"政府机构与公务员规模"偏好同样具有显著的正向影响，即居民的教育水平越高，其对限制"政府机构与公务员规模"的偏好越强烈。可见，教育水平较高的居民，其税收认知程度和税收权利意识也相对会比较高，他们对"政府机构与公务员规模"扩张导致财政预算与居民税收负担增加的问题有更全面和深刻的认识。因此，随着居民教育水平的提高，其对限制"政府机构与公务员规模"的偏好会更加强烈。

表6-9　"政府机构与公务员规模"偏好对税收感知度的回归结果

解释变量	被解释变量：政府机构与公务员规模偏好			
	（11）	（12）	（13）	（14）
Taxperception	0.1183 ***	0.1065 ***	0.0867 ***	0.0727 ***
	（0.0230）	（0.0233）	（0.0245）	（0.0249）
Taxburden		0.0992 ***	0.0935 ***	0.0742 **
		（0.0290）	（0.0297）	（0.0298）
Education			0.1288 ***	0.1929 ***
			（0.0234）	（0.0268）
Income			0.0290	− 0.0204
			（0.0214）	（0.0227）
Gender				0.1755 ***
				（0.0544）
Age				0.0611
				（0.0406）
Marriage				0.2502 ***
				（0.0904）
N	1623	1623	1623	1623
Waldchi2	26.36	41.17	73.48	104.40
Prob > chi2	0.0000	0.0000	0.0000	0.0000
R^2	0.0063	0.0093	0.0159	0.0243

注：（1）括号内是稳健标准误。
　　（2）*** 、** 、* 分别表示在1%、5%和10%的显著性水平上显著。

　　表6-10报告了"行政经费开支规模"偏好对税收感知度的回归结果。为了便于比较分析，模型（15）报告的是在未控制任何变量的情况下，税收感知度对"行政经费开支规模"偏好的估计结果，模型（16）、模型（17）、模型（18）则进一步依次加入了税收负担、教育水平、收入水平、性别、年龄和婚姻状况等个体特征变量。从表6-10的估计结果中可以看出，税收感知度的估计系数在模型（15）、模型（16）、模型（17）、模型（18）中均在1%的显著性水平上显著为正，表明税收感知

度对"行政经费开支规模"偏好具有显著的正向影响，即居民的税收感知度越高，其对削减政府"行政经费开支规模"的偏好越强烈。

表 6 – 10　"行政经费开支规模"偏好对税收感知度的回归结果

解释变量	被解释变量：行政经费开支规模偏好			
	（15）	（16）	（17）	（18）
Taxperception	0. 1162 *** （0. 0237）	0. 1049 *** （0. 0240）	0. 0845 *** （0. 0251）	0. 0676 *** （0. 0254）
Taxburden		0. 0965 *** （0. 0291）	0. 0856 *** （0. 0300）	0. 0628 ** （0. 0302）
Education			0. 0995 *** （0. 0254）	0. 1631 *** （0. 0294）
Income			0. 0400 * （0. 0226）	− 0. 0136 （0. 0242）
Gender				0. 2253 *** （0. 0580）
Age				0. 0963 ** （0. 0420）
Marriage				0. 1909 ** （0. 0952）
N	1623	1623	1623	1623
Waldchi2	24. 07	35. 92	52. 33	88. 00
Prob > chi2	0. 0000	0. 0000	0. 0000	0. 0000
R^2	0. 0063	0. 0093	0. 0138	0. 0249

注：（1）括号内是稳健标准误。

（2）*** 、** 、* 分别表示在 1%、5% 和 10% 的显著性水平上显著。

此外，税收负担的估计系数在模型（16）、模型（17）、模型（18）中均在 1% 的显著性水平上显著为正，说明税收负担对"行政经费开支规模"偏好同样具有显著的正向影响，即居民的税收负担越重，其对削减政府"行政经费开支规模"的偏好越强烈。可见，"行政经费开支规模"的扩张意味着财政预算规模的增加，而财政预算规模的增加则意味着居民税收负担的增加。因此，随着税收感知度和税收负担的提高，居民作为理性经济人，为了降低自身的税收负担，其对削减政府"行政经费开支规模"的偏好会更强烈。教育水平的估计系数在模型（17）和模型（18）中均在1%的显著性水平上显著为正，表明教育水平对"行政经费开支规模"偏好具有显著的正向影响，即居民的教育水平越高，其对削减政府"行政经费开支规模"的偏好越强烈。可见，教育水平较高的居民，其税收认知程度和税收权利意识也相对会比较高，他们对政府"行政经费开支规模"扩张导致财政预算与居民税收负担增加的问题有更全面和深刻的认识。因此，随着居民教育水平的提高，其对削减政府"行政经费开支规模"的偏好会更加强烈。

6.4.2.2 分样本回归结果

为了进一步检验税收感知度是否会对不同税收负担、收入水平和教育水平居民的政府"外在规模"偏好产生不同的影响，我们对不同税收负担、收入水平和教育水平居民的"政府机构与公务员规模"和"行政经费开支规模"偏好分别进行了分样本估计，表6-11和表6-12是具体估计结果。

表6-11报告了"政府机构与公务员规模"偏好对税收感知度的分样本回归结果。其中模型（19）、模型（20）分别报告了税收感知度对"税收负担—低"和"税收负担—高"居民"政府机构与公务员规模"偏好的影响，模型（21）、模型（22）分别报告了税收感知度对"收入水平—低"和"收入水平—高"居民"政府机构与公务员规模"偏好的影响，模型（23）、模型（24）分别报告了税收感知度对"教育水平—低"和"教育水平—高"居民"政府机构与公务员规模"偏好的影响。从表6-11的估计结果中可以看出，在模型（19）和模型（20）中，税收感知度对"税收负担—低"居民"政府机构与公务员规模"偏

好具有显著的正向影响，而对"税收负担—高"居民"政府机构与公务员规模"偏好的影响并不显著，表明税收感知度对"税收负担—低"居民"政府机构与公务员规模"偏好的影响更大。在模型（21）和模型（22）中，税收感知度对"收入水平—低"居民"政府机构与公务员规模"偏好具有显著的正向影响，而对"收入水平—高"居民"政府机构与公务员规模"偏好的影响并不显著，表明税收感知度对"收入水平—低"居民"政府机构与公务员规模"偏好的影响更大。在模型（23）和模型（24）中，税收感知度对"教育水平—低"和"教育水平—高"居民"政府机构与公务员规模"偏好影响的估计系数均在5%的显著性水平上显著为正，表明随着税收感知度的提高，"教育水平—低"和"教育水平—高"居民对限制"政府机构与公务员规模"的偏好都会显著提高。

表 6 – 11　　"政府机构与公务员规模"偏好对税收感知度的
分样本回归结果

解释变量	被解释变量：政府机构与公务员规模偏好					
	（19）	（20）	（21）	（22）	（23）	（24）
	税收负担		收入水平		教育水平	
	低	高	低	高	低	高
Taxperception	0.0857 ***	0.0307	0.0901 ***	0.0055	0.1007 **	0.0718 **
	（0.0298）	（0.0477）	（0.0288）	（0.0491）	（0.0472）	（0.0294）
Taxburden			0.0696 **	0.0927	0.0287	0.0947 ***
			（0.0332）	（0.0680）	（0.0671）	（0.0335）
Education	0.1729 ***	0.2559 ***	0.1770 ***	0.2438 ***		
	（0.0304）	（0.0577）	（0.0310）	（0.0545）		
Income	− 0.0100	− 0.0162			− 0.0475	0.0036
	（0.0270）	（0.0406）			（0.0448）	（0.0266）
Gender	0.1780 ***	0.2204 **	0.1547 **	0.2075 *	0.0870	0.2115 ***
	（0.0636）	（0.1072）	（0.0620）	（0.1145）	（0.1107）	（0.0627）

续表

解释变量	被解释变量：政府机构与公务员规模偏好					
	（19）	（20）	（21）	（22）	（23）	（24）
	税收负担		收入水平		教育水平	
	低	高	低	高	低	高
Age	0.0251	0.1467 *	0.0126	0.2024 ***	0.2210 ***	− 0.0251
	(0.0467)	(0.0812)	(0.0485)	(0.0726)	(0.0729)	(0.0495)
Marriage	0.3316 ***	0.0744	0.2592 **	0.2782 *	0.2567	0.1730 *
	(0.1067)	(0.1659)	(0.1082)	(0.1618)	(0.1744)	(0.1029)
N	1191	432	1246	377	408	1215
Waldchi2	59.83	27.81	66.31	41.91	37.96	45.49
Prob > chi2	0.0000	0.0001	0.0000	0.0000	0.0000	0.0000
R^2	0.0197	0.0268	0.0203	0.0421	0.0330	0.0134

注：（1）括号内是稳健标准误。

（2）***、**、*分别表示在1%、5%和10%的显著性水平上显著。

（3）税收负担"低"是指"非常轻""比较轻"和"一般"，税收负担"高"是指"比较重"和"非常重"；收入水平"低"是指"5000及以下"，收入水平"高"是指"5000以上"；教育水平"低"是指"高中及以下"，教育水平"高"是指"大专及以上"。

表6-12报告了"行政经费开支规模"偏好对税收感知度的分样本回归结果。其中模型（25）、模型（26）分别报告了税收感知度对"税收负担—低"和"税收负担—高"居民"行政经费开支规模"偏好的影响，模型（27）、模型（28）分别报告了税收感知度对"收入水平—低"和"收入水平—高"居民"行政经费开支规模"偏好的影响，模型（29）、模型（30）分别报告了税收感知度对"教育水平—低"和"教育水平—高"居民"行政经费开支规模"偏好的影响。从表6-12的估计结果中可以看出，在模型（25）和模型（26）中，税收感知度对"税收负担—低"居民"行政经费开支规模"偏好具有显著的正向影响，而对"税收负担—高"居民"行政经费开支规模"偏好的影响并不显著，表明税收感知度对"税收负担—低"居民"行政经费开支规模"偏

好的影响更大。在模型（27）和模型（28）中，税收感知度对"收入水平—低"居民"行政经费开支规模"偏好具有显著的正向影响，而对"收入水平—高"居民"行政经费开支规模"偏好的影响并不显著，表明税收感知度对"收入水平—低"居民"行政经费开支规模"偏好的影响更大。在模型（29）和模型（30）中，税收感知度对"教育水平—低"和"教育水平—高"居民"行政经费开支规模"偏好影响的估计系数分别在10%和5%的显著性水平上显著为正，表明随着税收感知度的提高，"教育水平—低"和"教育水平—高"居民对限制"行政经费开支规模"的偏好都会显著提高。

表 6 – 12　　"行政经费开支规模"偏好对税收感知度的分样本回归结果

解释变量	被解释变量：行政经费开支规模偏好					
	(25)	(26)	(27)	(28)	(29)	(30)
	税收负担		收入水平		教育水平	
	低	高	低	高	低	高
Taxperception	0.0643 **	0.0609	0.0714 **	0.0302	0.0800 *	0.0694 **
	(0.0294)	(0.0508)	(0.0286)	(0.0526)	(0.0470)	(0.0298)
Taxburden			0.0586 *	0.0596	− 0.0033	0.0911 ***
			(0.0332)	(0.0740)	(0.0649)	(0.0345)
Education	0.1389 ***	0.2134 ***	0.1477 ***	0.2104 ***		
	(0.0334)	(0.0624)	(0.0329)	(0.0645)		
Income	− 0.0048	− 0.0403			− 0.0490	0.0019
	(0.0287)	(0.0435)			(0.0483)	(0.0277)
Gender	0.2091 ***	0.2734 **	0.2378 ***	0.1481	0.2111 *	0.2335 ***
	(0.0670)	(0.1159)	(0.0651)	(0.1268)	(0.1191)	(0.0668)
Age	0.0959 *	0.0862	0.0402	0.2433 ***	0.0867	0.0847 *
	(0.0499)	(0.0795)	(0.0492)	(0.0779)	(0.0774)	(0.0496)
Marriage	0.1802	0.1973	0.2486 **	0.0609	0.2520	0.0686
	(0.1139)	(0.1725)	(0.1130)	(0.1732)	(0.1994)	(0.1016)

解释变量	被解释变量：行政经费开支规模偏好					
	（25）	（26）	（27）	（28）	（29）	（30）
	税收负担		收入水平		教育水平	
	低	高	低	高	低	高
N	1191	432	1246	377	408	1215
$Waldchi2$	48.30	20.05	57.31	24.78	15.25	56.11
$Prob > chi2$	0.0000	0.0027	0.0000	0.0004	0.0184	0.0000
R^2	0.0181	0.0262	0.0204	0.0373	0.0144	0.0207

注：（1）括号内是稳健标准误。

（2）***、**、*分别表示在1%、5%和10%的显著性水平上显著。

（3）税收负担"低"是指"非常轻""比较轻"和"一般"，税收负担"高"是指"比较重"和"非常重"；收入水平"低"是指"5000及以下"，收入水平"高"是指"5000以上"；教育水平"低"是指"高中及以下"，教育水平"高"是指"大专及以上"。

6.4.2.3 边际效应分析

鉴于上述 Ordered Probit 模型的估计结果只能确定税收感知度对居民政府"外在规模"偏好影响的方向和显著性，而不能确定税收感知度对居民政府"外在规模"偏好取值概率的影响。因此，为了比较分析税收感知度对居民政府"外在规模"偏好取值概率的影响，在表 6-9 模型（14）和表 6-10 中模型（18）的基础上，分别计算了税收感知度对居民"政府机构与公务员规模"和"行政经费开支规模"偏好影响的全样本边际效应，具体计算结果如表 6-13 和表 6-14 所示。在表 6-11 模型（19）和表 6-12 中模型（25）的基础上，分别计算了"税收负担—低"样本的边际效应，具体计算结果如表 6-15 所示。在表 6-11 模型（21）和表 6-12 中模型（27）的基础上，分别计算了"收入水平—低"样本的边际效应，具体计算结果如表 6-16 所示。在表 6-11 中模型（23）和模型（24）的基础上，计算了不同教育水平样本"政府机构与公务员规模"偏好的边际效应，具体计算结果入表 6-17 所示。在

表 6－12 模型（29）和（30）的基础上，计算了不同教育水平样本"行政经费开支规模"偏好的边际效应，具体计算结果如表 6－18 所示。

表 6－13　　　　　　"政府机构与公务员规模"偏好的全样本边际
效应估计结果

解释变量	被解释变量：政府机构与公务员规模偏好				
	Y = 1	Y = 2	Y = 3	Y = 4	Y = 5
Taxperception	－ 0. 0046 ***	－ 0. 0078 ***	－ 0. 0145 ***	0. 0030 **	0. 0238 ***
	(0. 0017)	(0. 0027)	(0. 0050)	(0. 0013)	(0. 0082)
Taxburden	－ 0. 0047 **	－ 0. 0080 **	－ 0. 0148 **	0. 0031 **	0. 0243 **
	(0. 0019)	(0. 0033)	(0. 0060)	(0. 0014)	(0. 0098)
Education	－ 0. 0121 ***	－ 0. 0207 ***	－ 0. 0384 ***	0. 0080 ***	0. 0631 ***
	(0. 0022)	(0. 0031)	(0. 0059)	(0. 0022)	(0. 0088)
Income	0. 0013	0. 0022	0. 0041	－ 0. 0009	－ 0. 0067
	(0. 0014)	(0. 0024)	(0. 0045)	(0. 0010)	(0. 0074)
Gender	－ 0. 0111 ***	－ 0. 0189 ***	－ 0. 0348 ***	0. 0075 ***	0. 0573 ***
	(0. 0036)	(0. 0061)	(0. 0109)	(0. 0028)	(0. 0178)
Age	－ 0. 0038	－ 0. 0065	－ 0. 0121	0. 0025	0. 0200
	(0. 0026)	(0. 0044)	(0. 0081)	(0. 0018)	(0. 0133)
Marriage	－ 0. 0163 **	－ 0. 0271 ***	－ 0. 0492 ***	0. 0116 **	0. 0810 ***
	(0. 0064)	(0. 0101)	(0. 0177)	(0. 0052)	(0. 0290)

注：（1）括号内是稳健标准误。

（2）*** 、** 、* 分别表示在1% 、5% 和10% 的显著性水平上显著。

表 6－13 报告了税收感知度对居民"政府机构与公务员规模"偏好影响的全样本边际效应。从表 6－13 的计算结果中可以看出，税收感知度对"完全不赞同"（Y = 1）和"比较不赞同"（Y = 2）限制"政府机构与公务员规模"的边际影响均在1% 的显著性水平上显著为负，且具体的边际影响分别为 － 0. 0046 和 － 0. 0078。这表明，在均值处，税收感知度变量每增加一单位，居民"完全不赞同"和"比较不赞同"限制"政府机构与公务员规模"的概率分别下降了 0. 46% 和 0. 78% 。但是，

税收感知度对"比较赞同"（Y = 4）和"完全赞同"（Y = 5）限制"政府机构与公务员规模"的边际影响分别在 5% 和 1% 的显著性水平上显著为正，且具体的边际影响分别为 0.0030 和 0.0238。这表明，在均值处，税收感知度变量每增加一单位，居民"比较赞同"和"完全赞同"限制"政府机构与公务员规模"的概率分别增加了 0.30% 和 2.38%。

表 6 – 14   "行政经费开支规模"偏好的全样本边际效应估计结果

解释变量	被解释变量：行政经费开支规模偏好				
	Y = 1	Y = 2	Y = 3	Y = 4	Y = 5
Taxperception	– 0.0022 ** (0.0009)	– 0.0034 ** (0.0014)	– 0.0132 *** (0.0050)	– 0.0081 *** (0.0031)	0.0269 *** (0.0101)
Taxburden	– 0.0020 * (0.0011)	– 0.0031 ** (0.0015)	– 0.0123 ** (0.0060)	– 0.0075 ** (0.0037)	0.0250 ** (0.0120)
Education	– 0.0053 *** (0.0013)	– 0.0082 *** (0.0018)	– 0.0319 *** (0.0061)	– 0.0195 *** (0.0038)	0.0649 *** (0.0117)
Income	0.0004 (0.0008)	0.0007 (0.0012)	0.0027 (0.0047)	0.0016 (0.0029)	– 0.0054 (0.0096)
Gender	– 0.0075 *** (0.0022)	– 0.0114 *** (0.0033)	– 0.0441 *** (0.0114)	– 0.0265 *** (0.0072)	0.0894 *** (0.0229)
Age	– 0.0031 ** (0.0015)	– 0.0048 ** (0.0022)	– 0.0189 ** (0.0083)	– 0.0115 ** (0.0051)	0.0383 ** (0.0167)
Marriage	– 0.0064 * (0.0034)	– 0.0097 * (0.0052)	– 0.0375 ** (0.0188)	– 0.0221 ** (0.0109)	0.0757 ** (0.0376)

注：（1）括号内是稳健标准误。
（2）*** 、** 、* 分别表示在 1% 、5% 和 10% 的显著性水平上显著。

表 6 – 14 报告了税收感知度对居民"行政经费开支规模"偏好影响的全样本边际效应。从表 6 – 14 的计算结果中可以看出，税收感知度对"完全不赞同"（Y = 1）和"比较不赞同"（Y = 2）削减"行政经费开支规模"的边际影响均在 5% 的显著性水平上显著为负，且具体的边际影响分别为 – 0.0022 和 – 0.0034。这表明。在均值处，税收感知度变量

每增加一单位，居民"完全不赞同"和"比较不赞同"削减"行政经费开支规模"的概率分别下降了 0.22% 和 0.34% 。但是，税收感知度对"完全赞同"（Y = 5）削减"行政经费开支规模"的边际影响在 1% 的显著性水平上显著为正，且具体的边际影响为 0.0269。这表明，在均值处，税收感知度变量每增加一单位，居民"完全赞同"削减"行政经费开支规模"的概率增加了 2.69% 。

表 6 − 15　　　　　　"税收负担—低"样本的边际效应估计结果

解释变量	分类	被解释变量：政府"外在规模"偏好				
		Y = 1	Y = 2	Y = 3	Y = 4	Y = 5
Taxperception	政府机构与公务员规模	− 0.0044 *** (0.0017)	− 0.0106 *** (0.0037)	− 0.0173 *** (0.0061)	0.0061 *** (0.0024)	0.0262 *** (0.0091)
	行政经费开支规模	− 0.0023 ** (0.0012)	− 0.0034 ** (0.0016)	− 0.0137 ** (0.0063)	− 0.0058 ** (0.0027)	0.0252 ** (0.0115)
Education	政府机构与公务员规模	− 0.0089 *** (0.0020)	− 0.0215 *** (0.0039)	− 0.0349 *** (0.0067)	0.0124 *** (0.0030)	0.0529 *** (0.0094)
	行政经费开支规模	− 0.0049 *** (0.0015)	− 0.0073 *** (0.0020)	− 0.0296 *** (0.0074)	− 0.0126 *** (0.0034)	0.0545 *** (0.0131)
Income	政府机构与公务员规模	0.0005 (0.0014)	0.0012 (0.0033)	0.0020 (0.0055)	− 0.0007 (0.0019)	− 0.0031 (0.0083)
	行政经费开支规模	0.0002 (0.0010)	0.0003 (0.0015)	0.0010 (0.0061)	0.0004 (0.0026)	− 0.0019 (0.0113)
Gender	政府机构与公务员规模	− 0.0091 *** (0.0034)	− 0.0220 *** (0.0081)	− 0.0359 *** (0.0130)	0.0125 *** (0.0047)	0.0545 *** (0.0196)
	行政经费开支规模	− 0.0074 *** (0.0027)	− 0.0110 *** (0.0040)	− 0.0444 *** (0.0142)	− 0.0191 *** (0.0068)	0.0820 *** (0.0262)
Age	政府机构与公务员规模	− 0.0013 (0.0024)	− 0.0031 (0.0058)	− 0.0051 (0.0094)	0.0018 (0.0033)	0.0077 (0.0143)
	行政经费开支规模	− 0.0034 * (0.0019)	− 0.0051 * (0.0027)	− 0.0204 * (0.0107)	− 0.0087 * (0.0047)	0.0376 * (0.0196)

解释变量	分类	被解释变量：政府"外在规模"偏好				
		Y = 1	Y = 2	Y = 3	Y = 4	Y = 5
Marriage	政府机构与公务员规模	- 0. 0176 *** (0. 0066)	- 0. 0415 *** (0. 0138)	- 0. 0660 *** (0. 0209)	0. 0245 *** (0. 0089)	0. 1006 *** (0. 0321)
	行政经费开支规模	- 0. 0065 (0. 0042)	- 0. 0096 (0. 0064)	- 0. 0384 (0. 0243)	- 0. 0160 (0. 0102)	0. 0706 (0. 0445)

注：（1）括号内是稳健标准误。
（2）*** 、** 、* 分别表示在1%、5%和10%的显著性水平上显著。

表6 – 15 报告了"税收负担—低"样本的边际效应估计结果。从表6 – 15 的计算结果中可以看出，税收感知度对"税收负担—低"居民"完全不赞同"（Y = 1）和"比较不赞同"（Y = 2）限制"政府机构与公务员规模"的边际影响均在1%的显著性水平上显著为负，且具体的边际影响分别为 - 0. 0044 和 - 0. 0106。这表明，在均值处，税收感知度变量每增加一单位，"税收负担—低"居民"完全不赞同"和"比较不赞同"限制"政府机构与公务员规模"的概率分别下降了 0. 44% 和 1. 06%。税收感知度对"税收负担—低"居民"完全不赞同"（Y = 1）和"比较不赞同"（Y = 2）限制"行政经费开支规模"的边际影响均在 5%的显著性水平上显著为负，且具体的边际影响分别为 - 0. 0023 和 - 0. 0034。这表明，在均值处，税收感知度变量每增加一单位，"税收负担—低"居民"完全不赞同"和"比较不赞同"限制"行政经费开支规模"的概率分别下降了 0. 23% 和 0. 34%。但是，税收感知度对"税收负担—低"居民"比较赞同"（Y = 4）和"完全赞同"（Y = 5）限制"政府机构与公务员规模"的边际影响在1%的显著性水平上显著为正，且具体的边际影响分别为 0. 0061 和 0. 0262。这表明，在均值处，税收感知度变量每增加一单位，"税收负担—低"居民"比较赞同"和"完全赞同"限制"政府机构与公务员规模"的概率分别增加了 0. 61% 和 2. 62%。税收感知度对"税收负担—低"居民"完全赞同"（Y = 5）

限制"行政经费开支规模"的边际影响在5%的显著性水平上显著为正，且具体的边际影响为0.0252。这表明，在均值处，税收感知度变量每增加一单位，"税收负担—低"居民"完全赞同"限制"行政经费开支规模"的概率增加了2.52%。

表 6 – 16 　　　　"收入水平—低"样本的边际效应估计结果

解释变量	分类	被解释变量：政府"外在规模"偏好				
		Y = 1	Y = 2	Y = 3	Y = 4	Y = 5
Taxperception	政府机构与公务员规模	− 0. 0054 *** (0. 0019)	− 0. 0110 *** (0. 0036)	− 0. 0170 *** (0. 0055)	0. 0048 ** (0. 0019)	0. 0286 *** (0. 0091)
	行政经费开支规模	− 0. 0023 ** (0. 0011)	− 0. 0042 ** (0. 0018)	− 0. 0137 ** (0. 0055)	− 0. 0081 ** (0. 0033)	0. 0282 ** (0. 0113)
Taxburden	政府机构与公务员规模	− 0. 0042 ** (0. 0020)	− 0. 0085 ** (0. 0041)	− 0. 0131 ** (0. 0063)	0. 0037 * (0. 0019)	0. 0221 ** (0. 0106)
	行政经费开支规模	− 0. 0019 (0. 0012)	− 0. 0034 * (0. 0020)	− 0. 0112 * (0. 0064)	− 0. 0066 * (0. 0038)	0. 0231 * (0. 0131)
Education	政府机构与公务员规模	− 0. 0106 *** (0. 0023)	− 0. 0217 *** (0. 0040)	− 0. 0333 *** (0. 0064)	0. 0094 *** (0. 0027)	0. 0561 *** (0. 0099)
	行政经费开支规模	− 0. 0048 *** (0. 0014)	− 0. 0086 *** (0. 0022)	− 0. 0283 *** (0. 0067)	− 0. 0167 *** (0. 0040)	0. 0583 *** (0. 0130)
Gender	政府机构与公务员规模	− 0. 0092 ** (0. 0037)	− 0. 0189 ** (0. 0077)	− 0. 0291 ** (0. 0118)	0. 0080 ** (0. 0035)	0. 0492 ** (0. 0198)
	行政经费开支规模	− 0. 0076 *** (0. 0024)	− 0. 0138 *** (0. 0043)	− 0. 0453 *** (0. 0125)	− 0. 0271 *** (0. 0082)	0. 0938 *** (0. 0256)
Age	政府机构与公务员规模	− 0. 0008 (0. 0029)	− 0. 0015 (0. 0059)	− 0. 0024 (0. 0091)	0. 0007 (0. 0026)	0. 0040 (0. 0154)
	行政经费开支规模	− 0. 0013 (0. 0016)	− 0. 0023 (0. 0029)	− 0. 0077 (0. 0094)	− 0. 0045 (0. 0056)	0. 0159 (0. 0194)
Marriage	政府机构与公务员规模	− 0. 0155 ** (0. 0069)	− 0. 0317 ** (0. 0134)	− 0. 0485 ** (0. 0202)	0. 0135 ** (0. 0062)	0. 0822 ** (0. 0343)
	行政经费开支规模	− 0. 0081 ** (0. 0039)	− 0. 0145 ** (0. 0070)	− 0. 0475 ** (0. 0216)	− 0. 0280 ** (0. 0129)	0. 0980 ** (0. 0443)

注：（1）括号内是稳健标准误。

　　（2）*** 、** 、* 分别表示在1%、5%和10%的显著性水平上显著。

表 6－16 报告了"收入水平—低"样本的边际效应估计结果。从表 6－16 的计算结果中可以看出，税收感知度对"收入水平—低"居民 "完全不赞同"（Y＝1）和"比较不赞同"（Y＝2）限制"政府机构与 公务员规模"的边际影响均在 1% 的显著性水平上显著为负，且具体的 边际影响分别为 － 0.0054 和 － 0.0110。这表明，在均值处，税收感知度 变量每增加一单位，"收入水平—低"居民"完全不赞同"和"比较不 赞同"限制"政府机构与公务员规模"的概率分别下降了 0.54% 和 1.10%。税收感知度对"收入水平—低"居民"完全不赞同"（Y＝1） 和"比较不赞同"（Y＝2）限制"行政经费开支规模"的边际影响均在 5% 的显著性水平上显著为负，且具体的边际影响分别为 － 0.0023 和 － 0.0042。这表明，在均值处，税收感知度变量每增加一单位，"收入 水平—低"居民"完全不赞同"和"比较不赞同"限制"行政经费开 支规模"的概率分别下降了 0.23% 和 0.42%。但是，税收感知度对 "收入水平—低"居民"完全赞同"（Y＝5）限制"政府机构与公务员 规模"和"行政经费开支规模"的边际影响分别在 1% 和 5% 的显著性 水平上显著为正，且具体的边际影响分别为 0.0286 和 0.0282。这表明， 在均值处，税收感知度变量每增加一单位，"收入水平—低"居民"完 全赞同"限制"政府机构与公务员规模"和"行政经费开支规模"的 概率分别增加了 2.86% 和 2.82%。

表 6－17 报告了不同教育水平样本"政府机构与公务员规模"偏好 的边际效应估计结果。从表 6－17 的计算结果中可以看出，税收感知度 对"教育水平—低"居民"完全不赞同"（Y＝1）和"比较不赞同" （Y＝2）限制"政府机构与公务员规模"的边际影响分别在 10% 和 5% 的显著性水平上显著为负，且具体的边际影响分别为 － 0.0091 和 － 0.0092。这表明，在均值处，税收感知度变量每增加一单位，"教育 水平—低"居民"完全不赞同"和"比较不赞同"限制"政府机构与 公务员规模"的概率分别下降了 0.91% 和 0.92%。但是，税收感知度

对"教育水平—低"居民"比较赞同"（Y = 4）和"完全赞同"（Y =
5）限制"政府机构与公务员规模"的边际影响在5%的显著性水平上
显著为正，且具体的边际影响分别为0.0127和0.0274。这表明，在均
值处，税收感知度变量每增加一单位，"教育水平—低"居民"比较赞
同"和"完全赞同"限制"政府机构与公务员规模"的概率分别增加
了1.27%和2.74%。此外，从表6-17的计算结果中还可以看出，税收
感知度对"教育水平—高"居民"完全不赞同"（Y = 1）和"比较不赞
同"（Y = 2）限制"政府机构与公务员规模"的边际影响均在5%的显
著性水平上显著为负，且具体的边际影响分别为 - 0.0039 和 - 0.0083。
这表明，在均值处，税收感知度变量每增加一单位，"教育水平—高"
居民"完全不赞同"和"比较不赞同"限制"政府机构与公务员规模"
的概率分别下降了0.39%和0.83%。税收感知度对"教育水平—高"
居民"完全赞同"（Y = 5）限制"政府机构与公务员规模"的边际影响
在5%的显著性水平上显著为正，且具体的边际影响为0.0247。这表明，
在均值处，税收感知度变量每增加一单位，"教育水平—高"居民"完
全赞同"限制"政府机构与公务员规模"的概率增加了2.47%。

表6-17　不同教育水平样本"政府机构与公务员规模"偏好的
边际效应估计结果

解释变量	教育水平	被解释变量：政府机构与公务员规模偏好				
		Y = 1	Y = 2	Y = 3	Y = 4	Y = 5
Taxperception	低	- 0.0091 *	- 0.0092 **	- 0.0218 **	0.0127 **	0.0274 **
		(0.0047)	(0.0045)	(0.0104)	(0.0064)	(0.0128)
	高	- 0.0039 **	- 0.0083 **	- 0.0130 **	0.0005	0.0247 **
		(0.0018)	(0.0034)	(0.0054)	(0.0009)	(0.0101)
Taxburden	低	- 0.0026	- 0.0026	- 0.0062	0.0036	0.0078
		(0.0060)	(0.0062)	(0.0146)	(0.0085)	(0.0183)
	高	- 0.0052 ***	- 0.0109 ***	- 0.0172 ***	0.0007	0.0326 ***
		(0.0019)	(0.0040)	(0.0062)	(0.0011)	(0.0116)

解释变量	教育水平	被解释变量：政府机构与公务员规模偏好				
		Y = 1	Y = 2	Y = 3	Y = 4	Y = 5
Income	低	0.0043 (0.0042)	0.0043 (0.0041)	0.0103 (0.0097)	−0.0060 (0.0058)	−0.0129 (0.0121)
	高	−0.0002 (0.0014)	−0.0004 (0.0031)	−0.0007 (0.0048)	0.0000 (0.0002)	0.0012 (0.0091)
Gender	低	−0.0079 (0.0102)	−0.0079 (0.0101)	−0.0188 (0.0239)	0.0110 (0.0142)	0.0236 (0.0300)
	高	−0.0117 *** (0.0037)	−0.0244 *** (0.0076)	−0.0382 *** (0.0115)	0.0018 (0.0025)	0.0725 *** (0.0215)
Age	低	−0.0201 *** (0.0073)	−0.0202 *** (0.0072)	−0.0478 *** (0.0169)	0.0280 *** (0.0102)	0.0601 *** (0.0200)
	高	0.0014 (0.0027)	0.0029 (0.0057)	0.0046 (0.0090)	−0.0002 (0.0005)	−0.0086 (0.0170)
Marriage	低	−0.0267 (0.0210)	−0.0247 (0.0185)	−0.0506 (0.0308)	0.0372 (0.0286)	0.0649 (0.0408)
	高	−0.0094 * (0.0057)	−0.0198 * (0.0118)	−0.0313 * (0.0187)	0.0009 (0.0020)	0.0596 * (0.0355)

注：（1）括号内是稳健标准误。

（2）***、**、*分别表示在1%、5%和10%的显著性水平上显著。

表6-18报告了不同教育水平样本"行政经费开支规模"偏好的边际效应估计结果。从表6-18的计算结果中可以看出，税收感知度对"教育水平—低"居民"完全赞同"（Y=5）限制"行政经费开支规模"的边际影响在10%的显著性水平上显著为正，且具体的边际影响为0.0312。这表明，在均值处，税收感知度变量每增加一单位，"教育水平—低"居民"完全赞同"限制"行政经费开支规模"的概率增加了3.12%。此外，税收感知度对"教育水平—高"居民"完全不赞同"（Y=1）和"比较不赞同"（Y=2）限制"行政经费开支规模"的边际影响均在5%的显著性

水平上显著为负，且具体的边际影响分别为 - 0.0017 和 - 0.0034。这表明，在均值处，税收感知度变量每增加一单位，"教育水平—高"居民"完全不赞同"和"比较不赞同"限制"行政经费开支规模"的概率分别下降了 0.17% 和 0.34%。但是，税收感知度对"教育水平—高"居民"完全赞同"（Y = 5）限制"行政经费开支规模"的边际影响在 5% 的显著性水平上显著为正，且具体的边际影响为 0.0277。这表明，在均值处，税收感知度变量每增加一单位，"教育水平—高"居民"完全赞同"限制"行政经费开支规模"的概率增加了 2.77%。

表 6 – 18　　　不同教育水平样本"行政经费开支规模"偏好的
边际效应估计结果

解释变量	教育水平	被解释变量：行政经费开支规模偏好				
		Y = 1	Y = 2	Y = 3	Y = 4	Y = 5
Taxperception	低	- 0.0048 (0.0032)	- 0.0046 (0.0028)	- 0.0183 * (0.0109)	- 0.0036 (0.0023)	0.0312 * (0.0183)
	高	- 0.0017 ** (0.0008)	- 0.0034 ** (0.0016)	- 0.0123 ** (0.0054)	- 0.0102 ** (0.0044)	0.0277 ** (0.0119)
Taxburden	低	0.0002 (0.0039)	0.0002 (0.0037)	0.0007 (0.0148)	0.0001 (0.0029)	- 0.0013 (0.0253)
	高	- 0.0023 ** (0.0010)	- 0.0045 ** (0.0018)	- 0.0161 *** (0.0062)	- 0.0134 *** (0.0052)	0.0363 *** (0.0137)
Income	低	0.0030 (0.0031)	0.0028 (0.0029)	0.0112 (0.0110)	0.0022 (0.0022)	- 0.0191 (0.0188)
	高	- 0.0000 (0.0007)	- 0.0001 (0.0014)	- 0.0003 (0.0049)	- 0.0003 (0.0041)	0.0008 (0.0111)
Gender	低	- 0.0129 (0.0080)	- 0.0122 (0.0076)	- 0.0480 * (0.0271)	- 0.0091 (0.0061)	0.0822 * (0.0462)
	高	- 0.0060 *** (0.0021)	- 0.0116 *** (0.0039)	- 0.0414 *** (0.0120)	- 0.0339 *** (0.0102)	0.0929 *** (0.0264)

解释变量	教育水平	被解释变量：行政经费开支规模偏好				
		Y = 1	Y = 2	Y = 3	Y = 4	Y = 5
Age	低	- 0.0052 (0.0048)	- 0.0050 (0.0046)	- 0.0198 (0.0178)	- 0.0038 (0.0036)	0.0338 (0.0302)
	高	- 0.0021 (0.0014)	- 0.0042 * (0.0025)	- 0.0150 * (0.0088)	- 0.0125 * (0.0074)	0.0338 * (0.0198)
Marriage	低	- 0.0177 (0.0162)	- 0.0157 (0.0146)	- 0.0569 (0.0442)	- 0.0058 (0.0040)	0.0962 (0.0741)
	高	- 0.0017 (0.0025)	- 0.0033 (0.0050)	- 0.0121 (0.0180)	- 0.0101 (0.0151)	0.0273 (0.0405)

注：（1）括号内是稳健标准误。

（2）***、**、* 分别表示在1%、5%和10%的显著性水平上显著。

6.5 本章小结

本章根据政府规模"内在规模"与"外在规模"的划分，从纳税人的主观角度和行为经济学的视角出发，利用微观调查数据和 Ordered Probit 模型，实证分析了税收感知度对居民政府规模偏好的影响。研究发现，在控制居民的税收负担、收入水平和教育水平等个体特征的情况下，税收感知度对居民的政府"内在规模"（政府权力规模）偏好具有显著的正向影响，即居民的税收感知度越高，其对限制"政府权力规模"的偏好越强烈。此外，税收感知度对居民的政府"外在规模"偏好也具有显著的正向影响，即居民的税收感知度越高，其对限制"政府机构与公务员规模"和"行政经费开支规模"的偏好越强烈。

在当前深化财税体制改革的背景下，随着中国直接税比重的提高，中国居民的税收感知度和税收权利意识将会不断提高，因此，中国居民对政府规模和权力的监督意识，尤其是对政府如何使用税收收入的监督意识必将会日益提高。近年来，随着中国各级地方政府规模的不断扩张，居民的税收负担也在不断增加，这导致中国居民的税收痛苦指数和厌税情绪也在日益提高。有鉴于此，为了降低当前中国税制改革的负面效应以及居民的厌税情绪，提高居民的纳税遵从度，我国政府需要进一步深化行政体制改革，优化政府机构设置，严格控制机构的数量和编制，并逐步减少财政供养人员的规模和数量。

第7章 税收感知度对居民纳税遵从行为的影响

长期以来，中国的税制结构一直以间接税为主，并且主要面向企业、单位等法人征收，而直接面向自然人征收的税收则相对比较少，即便是直接面向居民征收的个人所得税也主要采用代扣代缴的方式，这导致中国居民的纳税感知度与纳税意识一直相对比较低。但是，随着财税体制改革的全面深化，特别是综合与分类相结合的个人所得税、房地产税等税制改革的逐步推进，中国面向居民征收的直接税的比重将会不断提高。与间接税相比，直接税不仅具有较高的税收凸显性，而且大多都需要居民自行申报缴纳，因此，在直接税改革的过程中，不仅要充分考虑居民的纳税能力，还要充分考虑居民的纳税意愿与纳税遵从行为。为此，本章以个人所得税为例，利用微观调查数据，实证分析了税收感知度对中国居民纳税遵从行为的影响问题。

7.1 引言

改革开放以来，随着国内经济体制改革的日益深化与产业结构的全面升级，中国的社会经济取得了飞速的发展，与此同时，中国的税收收入也呈现持续增长的趋势。特别是自 1994 年实行分税制改革以来，中国的税收收入呈现高速增长的趋势，《中国税务年鉴》的统计数据显示，自 1994 年分税制改革以来，中国的税收收入由 1994 年的 5126. 88 亿元增长至 2016 年的 130360. 73 亿元，年均增长率高达 15. 84%，具体如图 7 - 1 所示。近年来，随着中国税收收入的持续增长与居民税收负担的不断提高，居民的税收意识也有所提高。但是，长期以来，中国的税制结构一直以间接税为主，从图 7 - 1 中可以看出，自 1994 年分税制改革以来，中国的流转税收入由 1994 年的 3738. 44 亿元增长至 2016 年的 65034. 94 亿元，尽管自 1994 年以来，流转税占税收总收入的比重一直呈现下降的趋势，但是，流转税占税收收入的比重一直在 50% 以上。由此可见，当前中国的税制结构依然是以流转税等间接税为主，而直接面向居民个人或家庭征收的所得税和财产税的比重则相对较低，即便是面向居民直接征收的个人所得税也主要采用代扣代缴的方式，导致中国居民的纳税感知度与纳税意识一直相对比较低。

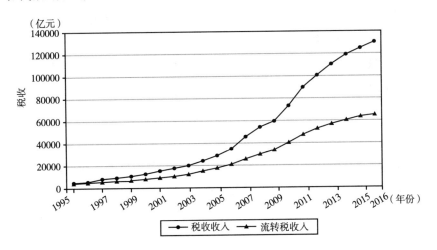

图 7 - 1 中国 1995 ~ 2016 年的税收收入情况

注：流转税收入主要包括增值税、营业税、消费税与关税。

资料来源：《中国税务年鉴》（1996 ~ 2017）。

自 2013 年 11 月党的十八届三中全会召开以来，随着经济社会体制改革的全面深化，财税体制改革的步伐也在逐步加快，《中共中央关于全面深化改革若干重大问题的决定》中明确提出要深化税收制度改革，逐步提高直接税比重，逐步建立综合与分类相结合的个人所得税制，加快房地产税立法，并适时推进房地产税改革。因此，随着个人所得税与房地产税改革的逐步推进，中国的直接税比重将会不断提高。但是，个人所得税与房地产税等直接税的税收凸显性比较高，并且直接面向居民个人或家庭征收，纳税人比较容易察觉和感知自己的税负，这可能会显著增加居民的税负感知与税收痛苦指数。Chetty（2009）等国外学者的研究表明，税收凸显性会通过影响居民的税收感知度进而影响居民的行为决策。Bradley（2013）的研究发现，税收凸显性对居民的纳税行为会产生显著的影响，当税收凸显性比较高的时候，纳税人在纳税方面的违规现象也会显著增加。在当前深化财税体制改革，特别是推进个人所得税与房地产税等直接税改革的背景下，中国的税收凸显性与居民的税收感知度都必然会不断提高。那么，随着居民税收感知度的提高，居民的纳税意愿与纳税遵从行为是否会发生变化呢？

近年来，国内学者对居民的纳税遵从问题给予了高度的关注，但是，国内学者基于税收凸显性和税收感知度视角研究居民纳税遵从问题的文献则鲜见。有鉴于此，在当前深化财税体制改革，特别是推进综合与分类相结合个人所得税制改革的背景下，为了进一步深入探讨税收凸显性和税收感知度对居民纳税遵从行为的影响，本章基于税收凸显性理论，以个人所得税为例，利用微观调查数据，实证分析了税收感知度对居民纳税遵从度和纳税意愿的影响。

7.2　相关文献评述

纳税遵从度直接关系到国家税收征管的效率与成本。自 20 世纪 70

年代以来，纳税遵从问题就引起了国外学者的高度关注。然而，由于中国的税制结构和税收征管体制与欧美发达资本主义国家存在较大差异，以往很长一段时间，纳税遵从问题并未引起国内学者的重视和关注。但是，近年来，随着中国直接税比重的逐步提高，特别是个人所得税等需要由居民申报缴纳税收的逐步增长，纳税遵从问题开始引起国内学者的重视和关注。具体而言，国内外学者主要从如下几个方面对纳税遵从问题进行了深入的理论探讨与实证分析。

自 20 世纪 70 年代以来，国外学者对纳税遵从问题进行了诸多有益的理论探讨与实证研究。国外最早关于纳税遵从问题研究的理论模型是由 Allingham 和 Sandmo（1972）基于"理性经济人"假设的基础而提出的预期效用理论模型（A–S 模型），该理论认为纳税人会基于自身预期效用的最大化而进行纳税行为决策。以 Allingham 和 Sandmo（1972）等为代表的国外学者基于 A–S 模型或者拓展的 A–S 模型，从税收惩罚、税务稽查、税率形式、税制公平、社会规范、社会交互作用、纳税人道德信仰等方面，深入研究和探讨了影响纳税人纳税遵从行为的主要因素。但是，随着纳税遵从理论与实践研究的逐步深入与发展，国外学者发现预期效用理论模型中的"理性经济人"假设与现实经济社会并不相符，纳税人在进行纳税行为决策时并不是完全理性的。特别是自 20 世纪 80 年代以来，随着以"前景理论"为核心的决策理论的提出和行为经济学的逐步发展（Kahneman and Tversky，1979），国外学者开始基于"前景理论"以及行为经济学和心理学的视角，从损失厌恶、参照依赖、框架效应、禀赋效用以及心理账户等方面探讨居民的纳税遵从行为。

近年来，随着中国税制结构的调整和居民财富的日益增长，纳税遵从问题也逐渐开始引起国内学者的重视和关注。国内学者在刚开始探讨纳税遵从问题的时候，主要是从预期效用理论与前景理论两个方面对国外关于纳税遵从问题的研究进行了梳理和评述，并基于"前景理论"对纳税遵从行为进行了初步的理论分析（何红渠和肖瑛，2005；陈平路，

2007；陈吉凤和吴斌，2012；储德银和韩一多，2016）。在纳税遵从问题的实证研究方面，国内学者主要基于问卷调查的方法进行相关的实证分析，如苏月中和郭驰（2007）基于问卷调查数据的分析发现，税收使用的合理性、纳税服务质量、税务稽查能力和惩罚力度等因素会影响居民的纳税遵从行为。刘华等（2011）通过问卷调查的实证研究发现，个人纳税遵从决策行为中存在显著的框架效应，正框架信息下的纳税遵从水平高于负框架信息下的遵从水平。李林木和赵永辉（2011）利用微观调查数据的实证分析发现，在不同威慑风险下，公共品供给效率对高收入者纳税遵从决策的影响存在差异性。任小军（2013）基于微观调查数据的实证研究表明，公共服务满意度和税制公平性会影响居民的纳税遵从行为。洪连埔（2014）利用问卷调查数据的实证研究发现，纳税遵从风险偏好与性别、年龄、收入等人口经济特征存在显著相关性。此外，汪冲和赵玉民（2013）采用情景实验法研究发现，社会规范会对高收入者纳税遵从行为产生影响。余莎等（2015）从纳税心理入手，通过实验方法的研究发现，法定税率越高，纳税人逃税越多，但纳税额却越高。黄凤羽等（2017）基于前景理论的心理效应，分析了个人所得税预缴规模、税率、纳税稽查概率等因素与纳税人纳税决策的关系，并提出了构建我国个人所得税预缴税款制度的路径选择。

综上所述，国外学者基于各国的税制状况就纳税遵从问题进行了比较丰富的理论探讨与实证研究。但是，中国的社会环境、税制环境以及居民的纳税意识等均与国外存在比较大的差异，因此，国外学者的研究结论在中国是否适用有待进行深入的考究。尽管国内学者在借鉴国外学者研究的基础上，对中国居民的纳税遵从问题进行进行了初步探讨，但是，基于税收凸显性和税收感知度的视角，研究税收感知度对居民纳税意愿与纳税遵从行为影响的文献则比较少见。鉴于此，在当前深化财税体制改革，特别是推进综合与分类相结合个人所得税制改革的背景下，为了进一步探讨中国居民个人所得税的纳税遵从问题，本章基于税收凸

显性的视角，实证分析了税收感知度对居民纳税遵从度与纳税意愿的
影响。

7.3 计量模型与数据说明

7.3.1 数据来源与说明

本章采用的数据来源于华中科技大学国家自然科学基金面上项目
"税收凸显性对居民行为的影响研究"课题组与 2015 年华中师范大学国
家级大学生创新计划项目"税收凸显性对居民消费行为的影响：基于微
观数据的实证研究"课题组合作进行的社会调查。2015 年 7 ~ 8 月华中
科技大学课题组与华中师范大学课题组的成员在武汉、长沙、洛阳等地
共计随机发放调查问卷 700 份，实际回收问卷 634 份，问卷回收率
90.57%。在整理回收问卷的过程中，对于存在较多空白的问卷、人口
统计学变量严重缺失的问卷以及连续多个题目答案相同的问卷，我们将
其认定为无效问卷并予以剔除，最后共计获得有效问卷 498 份，回收的
有效问卷率为 78.55%。

7.3.2 变量定义与描述统计

本章的被解释变量是居民纳税遵从度，用以度量居民主动申报或缴
纳个人所得税的程度。为了测量个人所得税的纳税遵从程度，课题组在
借鉴国内外相关研究的基础上，采用了李克特五点量表法。具体而言，
课题组采用对调查问卷中"您是否依法主动申报或缴纳个人所得税？"
问题的回答来度量居民的纳税遵从度，问卷要求受访者在"从不""很

少""有时""经常"和"总是"五个选项之间进行选择，并且将其分别赋值为1、2、3、4、5，其中1表示"从不"，5表示"总是"，因此，数值越大，表示居民的纳税遵从度越高。同时，考虑到居民可能会出于社会道德等方面的考虑，在填写问卷时瞒报自己是否主动申报缴纳个人所得税的情况。为此，课题组还测度了居民缴纳个人所得税的意愿，用以进行稳健性检验。具体而言，课题组采用对调查问卷中"您是否愿意缴纳个人所得税？"问题的回答来度量居民的纳税意愿，问卷要求受访者在"完全不愿意""不太愿意""不确定""比较愿意"和"完全愿意"五个选项之间进行选择，并且将其分别赋值为1、2、3、4、5，其中1表示"完全不愿意"，5表示"完全愿意"，因此，数值越大，表示居民缴纳个人所得税的意愿越高。

本章的核心解释变量是居民的"税收感知度"（*Taxperception*），用以度量居民对自己纳税情况的感知程度。具体而言，课题组采用对调查问卷中"您了解自己的纳税情况（所纳税种、税额、纳税途径等）吗"问题的回答来度量居民的税收感知度，问卷要求受访者在"完全不了解""比较不了解""一般""比较了解"和"完全了解"五个选项之间进行选择。同时考虑到这一测量方法可能会存在偏差，为了进行稳健性检验，课题组还从个人所得税的征税范围、免征额、税率与应纳税额的计算方法四个维度测度了居民对个人所得税的认知度，以下简称"个税认知度"（*Inctaxperception*）。此外，考虑到收入水平、教育水平与税制复杂性等因素也可能会影响到居民的纳税遵从度和纳税意愿，课题组还采集了受访者的"性别"（*Gender*）、"年龄"（*Age*）、"婚姻状况"（*Marriage*）、"户籍"（*Huji*）、"政治面貌"（*Polity*）"教育水平"（*Education*）、"收入水平"（*Income*）和"税制复杂性"（*Taxcomplexity*）等个体特征信息作为控制变量，各主要变量的定义和具体说明如表7-1所示。

表7-1   主要变量的定义与说明

变量名称	变量说明	赋值
纳税遵从度	您是否依法主动申报或缴纳个人所得税?	1表示"从不",2表示"很少",3表示"有时",4表示"经常",5表示"总是"
纳税意愿	您是否愿意缴纳个人所得税?	1表示"完全不愿意",2表示"不太愿意",3表示"不确定",4表示"比较愿意",5表示"完全愿意"
税收感知度	您了解自己的纳税情况(所纳税种、税额、纳税途径等)吗?	1表示"完全不了解",2表示"比较不了解",3表示"一般",4表示"比较了解",5表示"完全了解"
收入水平	您平均每月的收入情况(元)?	1表示"2000以下",2表示"2001～3500",3表示"3501～5000",4表示"5001～8000",5表示"8001～12000",6表示"12000以上"
教育水平	您的最高学历?	1表示"小学",2表示"初中",3表示"高中/中专",4表示"大专",5表示"本科",6表示"研究生"
税制复杂性	您认为当前我国个人所得税制度是否过于复杂?	1表示"非常不复杂",2表示"比较不复杂",3表示"一般",4表示"比较复杂",5表示"非常复杂"
幸福感	总的来说,您认为您的生活是否幸福?	1表示"非常不幸福",2表示"比较不幸福",3表示"一般",4表示"比较幸福",5表示"非常幸福"
户籍	您的户籍状况?	1表示"城镇户口",0表示"农村户口"
政治面貌	您目前的政治面貌是?	1表示"共产党员/民主党派/共青团员",0表示"群众"
性别	您的性别?	1表示"男",0表示"女"
年龄	您的年龄?	1表示"18～24岁",2表示"25～34岁",3表示"35～44岁",4表示"45～54岁",5表示"55～64岁",6表示"65岁以上"
婚姻状况	您的婚姻状况?	1表示"已婚",0表示"未婚"

　　表7-2报告了各主要变量的描述性统计结果。从表7-2中各主要变量的描述性统计结果可以看出,居民个人所得税纳税遵从度与纳税意

愿的均值分别为 2.58 和 2.78，表明当前中国居民的纳税遵从度和纳税意愿相对比较低，并且居民的纳税遵从度与纳税意愿存在一定的差异。此外，居民的税收感知度与个税认知度的均值分别为 2.73 和 2.60，表明当前中国居民的税收感知度与个税认知度都相对比较低，并且居民的税收感知度与个税认知度大体相当。

表 7 - 2　　　　　　　　　主要变量的描述性统计结果

变量名称	样本数	最小值	最大值	均值	标准差
纳税遵从度	498	1	5	2.58	1.33
纳税意愿	498	1	5	2.78	1.16
税收感知度	498	1	5	2.73	1.11
个税认知度	498	0.63	5	2.60	1.07
收入水平	498	1	6	2.78	0.80
教育水平	498	1	6	4.20	1.14
税制复杂性	498	1	5	3.48	0.85
幸福感	498	1	6	3.68	0.91
户籍	498	0	1	0.80	0.40
政治面貌	498	0	1	0.62	0.49
性别	498	0	1	0.63	0.48
年龄	498	1	6	3.26	0.96
婚姻状况	498	0	1	0.82	0.39

　　图 7 - 2 和图 7 - 3 分别报告了受访居民个人所得税纳税遵从度与纳税意愿的统计状况。从图 7 - 2 的统计结果中可以看出，整体而言，当前中国居民个人所得税的纳税遵从度相对比较低。具体而言，有 17.67% 的受访者表示"从不"主动申报或缴纳个人所得税，有 21.29% 的受访者表示"很少"主动申报或缴纳个人所得税，有 33.73% 的受访者表示"有时"主动申报或缴纳个人所得税，有 20.28% 的受访者表示"经常"主动申报或缴纳个人所得税，有 7.03% 的受访者表示"总是"主动申报或缴纳个人所得税。从图 7 - 3 的统计结果中可以看出，整体

而言，当前中国居民个人所得税的纳税意愿相对比较低。具体而言，有26.31%的受访者表示"完全不愿意"缴纳个人所得税，有28.31%的受访者表示"不太愿意"缴纳个人所得税，有16.06%的受访者表示"比较愿意"缴纳个人所得税，有11.25%的受访者表示"完全愿意"缴纳个人所得税，此外，还有18.07%的受访者表示"不确定"是否愿意缴纳个人所得税。

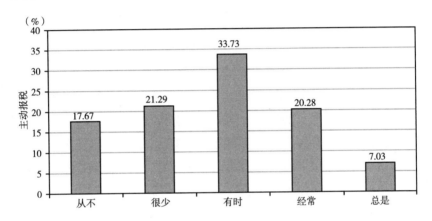

图 7 - 2　居民主动申报或缴纳个人所得税的情况

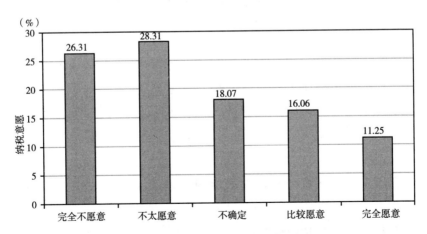

图 7 - 3　居民缴纳个人所得税的意愿情况

7.3.3 计量模型的设定

本章的被解释变量是居民的纳税遵从度（*PTC*）与纳税意愿（*PTW*），是取值范围为 1~5 的有序离散变量。为了实证分析税收感知度对居民纳税遵从度与纳税意愿的影响，在参考国内外学者现有研究的基础上，构建如下具体的 Ordered Probit 计量模型。

$$PTC_i = \alpha_0 + \alpha_1 \, taxperception_i + \beta X_i + \mu_i \qquad (7.1)$$

$$PTW_i = \alpha_0 + \alpha_1 \, taxperception_i + \beta X_i + \mu_i \qquad (7.2)$$

其中，$taxperception_i$ 表示受访居民 i 的"税收感知度"；X_i 为一组控制变量，具体包括受访居民的性别、年龄、婚姻状况、户籍、政治面貌、幸福感、教育水平、收入水平和税制复杂性等；μ_i 表示与解释变量无关的随机扰动项。对于以上 Ordered Probit 模型而言，只要随机扰动项与解释变量不相关，那么采用极大似然估计的参数就是一致估计量。

7.4 实证分析结果与讨论

为了检验在控制居民的收入水平、教育水平和幸福感等个体特征的情况下，税收感知度对居民纳税遵从度和纳税意愿的影响，本章采用被广泛使用的 Ordered Probit 模型对调查数据进行了估计。同时，为了使回归结果更为稳健可信，在具体回归分析的过程中，采用逐步回归的方法。

7.4.1 税收感知度与居民纳税遵从度

7.4.1.1 基本估计结果

表 7-3 报告了税收感知度对居民个人所得税纳税遵从度影响的估

计结果。为了便于比较分析，模型（1）报告的是在未控制任何变量的情况下，税收感知度对居民纳税遵从度影响的估计结果，模型（2）、模型（3）、模型（4）、模型（5）则依次加入了收入水平、教育水平、税制复杂性、幸福感、户籍、政治面貌、性别、年龄和婚姻状况等控制变量。从表7-3的估计结果中可以看出，核心解释变量税收感知度的估计系数在模型（1）、模型（2）、模型（3）、模型（4）、模型（5）中均在1%的显著性水平上显著为正。这说明在控制收入水平、教育水平和税制复杂性等一系列因素的情况下，税收感知度对居民的纳税遵从度具有显著的正向影响，即居民的税收感知度越高，其主动申报或缴纳个人所得税的遵从度也会越高。从模型（2）、模型（3）、模型（4）、模型（5）中可以看出，随着控制变量的逐步加入，税收感知度的估计系数一直在0.25～0.26之间，并且其估计系数的符号和显著性水平均未发生改变，表明税收感知度的估计结果是比较稳健的。这与Bradley（2013）的研究结果存在一定的差异，究其原因，主要有以下几个方面：第一，当前中国居民个人所得税的纳税遵从度相对比较低，而纳税遵从度较高的这一部分纳税人主要是税收意识和纳税感知度相对较高的工薪收入阶层。第二，当前中国个人所得税的税收主要来源于工薪阶层的工资、薪金所得，而工资、薪金所得税主要采用代扣代缴的征管方式，由个人自主申报或缴纳个人所得税的比例则相对较小。第三，当前中国的税制结构以间接税为主，个人所得税在国家税收中占的比例相对较小，并且税收征管体制还不是很完善，税收征管力度和强度都还相对较低。整体而言，当前中国居民个人所得税的税收负担相对不高。

从控制变量来看，收入水平变量的估计系数在模型（2）、模型（3）、模型（4）、模型（5）中均在1%的显著性水平上显著为正，表明居民的收入水平对其个人所得税的纳税遵从度具有显著的正向影响，即随着居民收入水平的提高，其缴纳个人所得税的遵从度会逐步提高。教育水平变量的估计系数在模型（2）、模型（3）、模型（4）、模型（5）中也均在1%的显著性水平上显著为正，表明居民的教育水平对其个人所得税的纳税遵从度具有显著的正向影响，即随着居民教育水平的提高，其缴纳个人所得税的遵从度也会逐步提高。

表7-3　　　　　　　居民纳税遵从度对税收感知度的回归结果

解释变量	被解释变量：居民纳税遵从度				
	（1）	（2）	（3）	（4）	（5）
Taxperception	0.3378 *** (0.0476)	0.2584 *** (0.0507)	0.2530 *** (0.0504)	0.2553 *** (0.0502)	0.2578 *** (0.0509)
Income		0.2182 *** (0.0631)	0.2033 *** (0.0640)	0.1947 *** (0.0643)	0.2266 *** (0.0646)
Education		0.1809 *** (0.0420)	0.1697 *** (0.0445)	0.1621 *** (0.0516)	0.1540 *** (0.0530)
Taxcomplexity			-0.0035 (0.0615)	-0.0033 (0.0617)	-0.0040 (0.0631)
Happy			0.0724 (0.0524)	0.0727 (0.0521)	0.0974 * (0.0548)
Huji				-0.0540 (0.1400)	-0.0461 (0.1394)
Polity				0.0935 (0.1142)	0.1279 (0.1181)
Gender					-0.2087 * (0.1081)
Age					0.0715 (0.0638)
Marriage					-0.4311 *** (0.1494)
N	498	498	498	498	498
Waldchi2	50.47	86.61	90.70	93.68	101.53
Prob > chi2	0.0000	0.0000	0.0000	0.0000	0.0000
R^2	0.0373	0.0570	0.0580	0.0585	0.0659

注：（1）括号内是稳健标准误。

　　（2）***、**、*分别表示在1%、5%和10%的显著性水平上显著。

7.4.1.2　边际效应分析

鉴于上述 Ordered Probit 模型的估计结果只能确定税收感知度对居民个人所得税纳税遵从度影响的方向和显著性，而不能确定税收感知度对居民个人所得税纳税遵从度取值概率的影响。因此，为了比较分析税收感知度对居民个人所得税纳税遵从度取值概率的影响，在表 7 - 3 模型 (5) 的基础上，进一步计算了税收感知度对居民个人所得税纳税遵从度影响的边际效应，具体计算结果如表 7 - 4 所示。

表 7 - 4　　　　　　　　　　边际效应估计结果

解释变量	被解释变量：居民纳税遵从度				
	Y = 1	Y = 2	Y = 3	Y = 4	Y = 5
Taxperception	- 0. 0802 ***	- 0. 0213 ***	0. 0211 ***	0. 0390 ***	0. 0414 ***
	(0. 0159)	(0. 0060)	(0. 0056)	(0. 0091)	(0. 0083)
Income	- 0. 0705 ***	- 0. 0187 ***	0. 0185 ***	0. 0343 ***	0. 0364 ***
	(0. 0203)	(0. 0063)	(0. 0062)	(0. 0105)	(0. 0106)
Education	- 0. 0479 ***	- 0. 0127 **	0. 0126 ***	0. 0233 ***	0. 0247 ***
	(0. 0166)	(0. 0050)	(0. 0048)	(0. 0084)	(0. 0089)
Taxcomplexity	0. 0013	0. 0003	- 0. 0003	- 0. 0006	- 0. 0006
	(0. 0196)	(0. 0052)	(0. 0052)	(0. 0096)	(0. 0101)
Happy	- 0. 0303 *	- 0. 0080 *	0. 0080 *	0. 0147 *	0. 0156 *
	(0. 0172)	(0. 0046)	(0. 0047)	(0. 0084)	(0. 0089)
Huji	0. 0142	0. 0040	- 0. 0037	- 0. 0070	- 0. 0075
	(0. 0425)	(0. 0126)	(0. 0108)	(0. 0212)	(0. 0232)
Polity	- 0. 0402	- 0. 0100	0. 0107	0. 0193	0. 0201
	(0. 0375)	(0. 0089)	(0. 0102)	(0. 0178)	(0. 0184)
Gender	0. 0637 **	0. 0187 *	- 0. 0161 **	- 0. 0315 *	- 0. 0348 *
	(0. 0320)	(0. 0113)	(0. 0082)	(0. 0167)	(0. 0189)
Age	- 0. 0222	- 0. 0059	0. 0058	0. 0108	0. 0115
	(0. 0198)	(0. 0055)	(0. 0053)	(0. 0098)	(0. 0103)
Marriage	0. 1204 ***	0. 0502 **	- 0. 0247 ***	- 0. 0631 ***	- 0. 0828 **
	(0. 0371)	(0. 0227)	(0. 0071)	(0. 0210)	(0. 0346)

注：(1) 括号内是稳健标准误。

(2) *** 、** 、* 分别表示在 1%、5% 和 10% 的显著性水平上显著。

表7-4报告了税收感知度对居民纳税遵从度影响的边际效应。从表7-4的计算结果中可以看出，税收感知度对居民"从不"（Y=1）和"很少"（Y=2）依法主动申报或缴纳个人所得税行为的边际影响均在1%的显著性水平上显著为负，且具体的边际影响分别为-0.0802和-0.0213。这表明，在均值处，税收感知度变量每增加一单位，居民"从不"和"很少"依法主动申报或缴纳个人所得税的概率分别下降了8.02%和2.13%。但是，税收感知度对居民"经常"（Y=4）和"总是"（Y=5）依法主动申报或缴纳个人所得税行为的边际影响均在1%的显著性水平上显著为正，且具体的边际影响分别为0.0390和0.0414。这表明，在均值处，税收感知度变量每增加一单位，居民"经常"和"总是"依法主动申报或缴纳个人所得税的概率分别增加了3.90%和4.14%。此外，收入水平对居民"从不"（Y=1）和"很少"（Y=2）依法主动申报或缴纳个人所得税行为的边际影响均在1%的显著性水平上显著为负，且具体的边际影响分别为-0.0705和-0.0187。这表明，在均值处，收入水平变量每增加一单位，居民"从不"和"很少"依法主动申报或缴纳个人所得税的概率分别下降了7.05%和1.87%。但是，收入水平对居民"经常"（Y=4）和"总是"（Y=5）依法主动申报或缴纳个人所得税行为的边际影响均在1%的显著性水平上显著为正，且具体的边际影响分别为0.0343和0.0364。这表明，在均值处，收入水平变量每增加一单位，居民"经常"和"总是"依法主动申报或缴纳个人所得税的概率分别增加了3.43%和3.64%。另外，教育水平对居民"从不"（Y=1）和"很少"（Y=2）依法主动申报或缴纳个人所得税行为的边际影响分别在1%和5%的显著性水平上显著为负，且具体的边际影响分别为-0.0479和-0.0127。这表明，在均值处，教育水平变量每增加一单位，居民"从不"和"很少"依法主动申报或缴纳个人所得税的概率分别下降了4.79%和1.27%。但是，教育水平对居民"经常"（Y=4）和"总是"（Y=5）依法主动申报或缴纳个人所得税行为的边

际影响均在1%的显著性水平上显著为正，且具体的边际影响分别为
0.0233和0.0247。这表明，在均值处，教育水平变量每增加一单位，居
民"经常"和"总是"依法主动申报或缴纳个人所得税的概率分别增加
了2.33%和2.47%。

7.4.1.3 稳健性检验

为了进一步检验上述估计结果的稳健性，特别是税收感知度对居民
个人所得税纳税遵从度影响的稳健性，本章还从个人所得税的征税范
围、免征额、税率和计算方法四个维度进一步测量了居民的个税认知
度，并利用个税认知度替代税收感知度做了稳健性分析，具体估计结果
如表7-5所示。此外，考虑到低收入水平居民，特别月收入低于3500
元（2018年10月1日起为5000元）的居民可能并不需要缴纳个人所得
税，以及农村居民缴纳个人所得税的可能性也比较低的社会现实，本章
在剔除月收入低于3500元的样本与农村居民样本后，重新进行了稳健
性分析，具体估计结果如表7-6所示。

表7-5 　　　　　　居民纳税遵从度对个税认知度的回归结果

解释变量	被解释变量：居民纳税遵从				
	(6)	(7)	(8)	(9)	(10)
Inctaxperception	0.3613 ***	0.2617 ***	0.2655 ***	0.2659 ***	0.2707 ***
	(0.0469)	(0.0537)	(0.0565)	(0.0565)	(0.0571)
Income		0.2324 ***	0.2145 ***	0.2080 ***	0.2413 ***
		(0.0597)	(0.0609)	(0.0612)	(0.0612)
Education		0.1355 ***	0.1294 ***	0.1212 **	0.1207 **
		(0.0463)	(0.0473)	(0.0537)	(0.0554)
Taxcomplexity			-0.0781	-0.0781	-0.0754
			(0.0635)	(0.0637)	(0.0646)
Happy			0.0764	0.0762	0.0922 *
			(0.0523)	(0.0520)	(0.0546)

续表

解释变量	被解释变量：居民纳税遵从度				
	（6）	（7）	（8）	（9）	（10）
Huji				−0.0244 （0.1381）	−0.0351 （0.1386）
Polity				0.0718 （0.1134）	0.1073 （0.1172）
Gender					−0.2644 ** （0.1079）
Age					0.0774 （0.0628）
Marriage					−0.3747 ** （0.1499）
N	498	498	498	498	498
Waldchi2	59.43	89.16	97.30	98.53	111.22
Prob > chi2	0.0000	0.0000	0.0000	0.0000	0.0000
R^2	0.0397	0.0542	0.0564	0.0567	0.0642

注：（1）括号内是稳健标准误。

（2） *** 、 ** 、 * 分别表示在1%、5%和10%的显著性水平上显著。

表7-5报告了"个税认知度"替换"税收感知度"作为核心解释变量进行稳健性检验的估计结果。模型（6）报告的是在未控制任何变量的情况下，个税认知度对居民纳税遵从度影响的估计结果，模型（7）是在模型（6）的基础上，进一步控制了收入水平与教育水平后，个税认知度对居民纳税遵从度影响的估计结果，模型（8）、模型（9）、模型（10）则进一步依次加入了税制复杂性、幸福感、户籍、政治面貌、性别、年龄和婚姻状况等控制变量。从表7-5的估计结果中可以看出，核心解释变量个税认知度的估计系数在模型（6）、模型（7）、模型（8）、模型（9）、模型（10）中均在1%的显著性水平上显著为正，说明在控制收入水平、教育水平和税制复杂性等一系列因素的情况下，个

税认知度对居民的纳税遵从度具有显著的正向影响，即居民的个税认知度越高，其缴纳个人所得税的遵从度也会越高。此外，从控制变量来看，收入水平变量的估计系数在模型（7）、模型（8）、模型（9）、模型（10）中均在1%的显著性水平上显著为正，表明居民的收入水平对其个人所得税的纳税遵从度具有显著的正向影响，即随着居民收入水平的提高，其缴纳个人所得税的遵从度也会逐步提高。教育水平变量的估计系数在模型（7）、模型（8）、模型（9）、模型（10）中分别在1%和5%的显著性水平上显著为正，表明居民的教育水平对其个人所得税的纳税遵从度具有显著的正向影响，即随着居民教育水平的提高，其缴纳个人所得税的遵从度也会逐步提高。由此可见，"个税认知度"替换"税收感知度"作为核心解释变量的估计结果与表7-3中的估计结果是基本一致的，说明本章的估计结果是比较稳健的。

表7-6　　　　　　　　　　纳税遵从度的稳健性检验结果

解释变量	被解释变量：居民纳税遵从度			
	剔除低收入的样本		剔除农村居民的样本	
	（11）	（12）	（13）	（14）
Taxperception	0.3210 *** (0.0637)		0.2448 *** (0.0574)	
Inctaxperception		0.2353 *** (0.0702)		0.2533 *** (0.0633)
Income	0.1569 (0.0984)	0.2135 ** (0.0897)	0.2046 *** (0.0692)	0.2204 *** (0.0655)
Education	0.1187 * (0.0628)	0.1124 * (0.0656)	0.0841 (0.0644)	0.0496 (0.0667)
Taxcomplexity	-0.0167 (0.0778)	-0.0987 (0.0793)	-0.0329 (0.0724)	-0.1078 (0.0758)
Happy	0.1519 ** (0.0733)	0.1183 (0.0756)	0.1348 ** (0.0637)	0.1265 ** (0.0632)

续表

解释变量	被解释变量：居民纳税遵从度			
	剔除低收入的样本		剔除农村居民的样本	
	（11）	（12）	（13）	（14）
Huji	-0.0722 (0.1669)	-0.0487 (0.1706)		
Polity	0.1804 (0.1485)	0.1180 (0.1468)	0.2391* (0.1335)	0.2190* (0.1328)
Gender	-0.2458* (0.1429)	-0.2464* (0.1411)	-0.2637** (0.1198)	-0.3216*** (0.1202)
Age	0.0653 (0.0799)	0.0910 (0.0781)	0.0555 (0.0736)	0.0519 (0.0726)
Marriage	-0.5179*** (0.1983)	-0.4722** (0.1980)	-0.4001** (0.1632)	-0.3318** (0.1652)
N	337	337	396	396
Waldchi2	57.03	51.23	60.65	65.13
Prob > chi2	0.0000	0.0000	0.0000	0.0000
R^2	0.0606	0.0452	0.0508	0.0490

注：（1）括号内是稳健标准误。

（2）***、**、*分别表示在1%、5%和10%的显著性水平上显著。

表7-6报告了剔除低收入（月收入低于3500元）样本与农村居民样本后的稳健性检验结果。模型（11）和模型（12）分别报告的是在剔除低收入（月收入低于3500元）样本后，税收感知度与个税认知度对居民个人所得税纳税遵从度影响的估计结果，从模型（11）和模型（12）的估计结果中可以看出，税收感知度和个税认知度的估计系数均在1%的显著性水平上显著为正，与表7-3模型（5）和表7-5模型（10）的估计结果是基本一致的，即在剔除低收入样本后，税收感知度与个税认知度对居民个人所得税的纳税遵从度同样具有显著的正向影响。模型（13）和模型（14）分别报告的是在剔除农村居民样本后，税

收感知度与个税认知度对城镇居民个人所得税纳税遵从度影响的估计结果，从模型（13）和模型（14）的估计结果中可以看出，税收感知度和个税认知度的估计系数均在 1% 的显著性水平上显著为正，与表 7 - 3 模型（5）和表 7 - 5 模型（10）的估计结果也基本是一致的，即税收感知度与个税认知度对城镇居民个人所得税的纳税遵从度同样具有显著的正向影响。

7.4.2　税收感知度与居民纳税意愿

7.4.2.1　基本估计结果

表 7 - 7 报告了税收感知度对居民个人所得税纳税意愿影响的估计结果。为了便于比较分析，模型（15）报告的是在未控制任何变量的情况下，税收感知度对居民纳税意愿影响的估计结果；模型（16）是在模型（15）的基础上，进一步控制了收入水平与教育水平后，税收感知度对居民纳税意愿影响的估计结果；模型（17）、模型（18）、模型（19）则进一步依次加入了税制复杂性、幸福感、户籍、政治面貌、性别、年龄和婚姻状况等控制变量。从表 7 - 7 的估计结果中可以看出，核心解释变量税收感知度的估计系数在模型（15）、模型（16）、模型（17）、模型（18）、模型（19）中均在 1% 的显著性水平上显著为正，说明在控制收入水平、教育水平和税制复杂性等一系列因素的情况下，税收感知度对居民个人所得税的纳税意愿具有显著的正向影响，即居民的税收感知度越高，其缴纳个人所得税的意愿也会越高。这可能是由于税收感知度与居民的税收意识密切相关，税收感知度较高的居民，其税收意识和纳税意识也相对较高。而税收意识和纳税意识较高的居民，不仅能深刻地理解我国税收"取之于民、用之于民"的本质，更能深刻地认识到税收对国家与社会经济发展的重要作用。因此，随着居民税收感知度的提高，其缴纳个人所得税的意愿也会显著提高。

　　此外，从控制变量来看，教育水平变量的估计系数在模型（16）、模型（17）、模型（18）、模型（19）中均在1%的显著性水平上显著为正，表明居民的教育水平对其个人所得税纳税意愿具有显著的正向影响，即随着居民教育水平的提高，其缴纳个人所得税的意愿也会逐步提高。幸福感变量的估计系数在模型（17）、模型（18）、模型（19）中均在1%的显著性水平上显著为正，表明居民的幸福感对其个人所得税纳税意愿具有显著的正向影响，即随着居民幸福感的提高，其缴纳个人所得税的意愿也会逐步提高。政治面貌变量的估计系数在模型（18）和（19）中分别在1%和5%的显著性水平上显著为正，表明居民的政治面貌对其个人所得税纳税意愿具有显著的正向影响，即与普通群众相比，具有党员/团员/民主党派身份居民缴纳个人所得税的意愿相对更高。

表 7 − 7　　　　　　　　居民纳税意愿对税收感知度的回归结果

解释变量	被解释变量：居民纳税意愿				
	（15）	（16）	（17）	（18）	（19）
Taxperception	0. 2939 *** (0. 0467)	0. 2213 *** (0. 0500)	0. 2068 *** (0. 0506)	0. 2118 *** (0. 0507)	0. 2031 *** (0. 0513)
Income		0. 1240 * (0. 0636)	0. 0902 (0. 0639)	0. 0584 (0. 0647)	0. 0200 (0. 0655)
Education		0. 2282 *** (0. 0420)	0. 2051 *** (0. 0443)	0. 1449 *** (0. 0508)	0. 1473 *** (0. 0528)
Taxcomplexity			− 0. 0318 (0. 0621)	− 0. 0274 (0. 0631)	− 0. 0433 (0. 0628)
Happy			0. 1710 *** (0. 0592)	0. 1662 *** (0. 0598)	0. 1910 *** (0. 0608)
Huji				0. 0831 (0. 1338)	0. 1122 (0. 1349)
Polity				0. 2998 *** (0. 1160)	0. 2376 ** (0. 1186)

续表

解释变量	被解释变量：居民纳税意愿				
	（15）	（16）	（17）	（18）	（19）
Gender					0. 3114 ***
					（0. 1003）
Age					0. 0821
					（0. 0592）
Marriage					－ 0. 0251
					（0. 1509）
N	39. 63	77. 61	80. 13	87. 71	100. 66
Waldchi2	0. 0000	0. 0000	0. 0000	0. 0000	0. 0000
Prob > chi2	0. 0304	0. 0520	0. 0581	0. 0637	0. 0717
R²	498	498	498	498	498

注：（1）括号内是稳健标准误。

（2）*** 、** 、* 分别表示在 1%、5% 和 10% 的显著性水平上显著。

7.4.2.2　边际效应分析

鉴于上述 Ordered Probit 模型的估计结果只能确定税收感知度对居民个人所得税纳税意愿影响的方向和显著性，而不能确定税收感知度对居民个人所得税纳税意愿取值概率的影响。因此，为了比较分析税收感知度对居民个人所得税纳税意愿取值概率的影响，本章在表 7 - 7 模型（19）的基础上，进一步计算了税收感知度对居民个人所得税纳税意愿影响的边际效应，具体计算结果如表 7 - 8 所示。

表 7 - 8　　　　　　　　　　边际效应估计结果

解释变量	被解释变量：居民纳税意愿				
	Y = 1	Y = 2	Y = 3	Y = 4	Y = 5
Taxperception	－ 0. 0470 ***	－ 0. 0302 ***	0. 0131 ***	0. 0436 ***	0. 0205 ***
	（0. 0120）	（0. 0085）	（0. 0051）	（0. 0116）	（0. 0057）
Income	－ 0. 0046	－ 0. 0030	0. 0013	0. 0043	0. 0020
	（0. 0152）	（0. 0097）	（0. 0043）	（0. 0140）	（0. 0066）

续表

解释变量	被解释变量：居民纳税意愿				
	Y = 1	Y = 2	Y = 3	Y = 4	Y = 5
Education	− 0. 0341 ***	− 0. 0219 ***	0. 0095 **	0. 0316 ***	0. 0148 **
	(0. 0125)	(0. 0082)	(0. 0043)	(0. 0115)	(0. 0059)
Taxcomplexity	0. 0100	0. 0064	− 0. 0028	− 0. 0093	− 0. 0044
	(0. 0146)	(0. 0093)	(0. 0043)	(0. 0134)	(0. 0063)
Happy	− 0. 0442 ***	− 0. 0284 ***	0. 0123 **	0. 0410 ***	0. 0193 ***
	(0. 0142)	(0. 0097)	(0. 0054)	(0. 0135)	(0. 0065)
Huji	− 0. 0269	− 0. 0162	0. 0085	0. 0238	0. 0107
	(0. 0334)	(0. 0189)	(0. 0119)	(0. 0285)	(0. 0121)
Polity	− 0. 0566 *	− 0. 0342 **	0. 0175 *	0. 0504 **	0. 0229 **
	(0. 0293)	(0. 0169)	(0. 0106)	(0. 0254)	(0. 0112)
Gender	− 0. 0750 ***	− 0. 0442 ***	0. 0239 **	0. 0657 ***	0. 0296 ***
	(0. 0252)	(0. 0146)	(0. 0103)	(0. 0214)	(0. 0100)
Age	− 0. 0190	− 0. 0122	0. 0053	0. 0176	0. 0083
	(0. 0137)	(0. 0090)	(0. 0041)	(0. 0128)	(0. 0060)
Marriage	0. 0058	0. 0038	− 0. 0016	− 0. 0054	− 0. 0026
	(0. 0343)	(0. 0227)	(0. 0090)	(0. 0325)	(0. 0156)

注：（1）括号内是稳健标准误。

（2） *** 、 ** 、 * 分别表示在1%、5%和10%的显著性水平上显著。

表7－8报告了税收感知度对居民个人所得税纳税意愿影响的边际效应。从表7－8的计算结果中可以看出，税收感知度对居民"完全不愿意"（Y＝1）和"不太愿意"（Y＝2）缴纳个人所得税的边际影响均在1%的显著性水平上显著为负，且具体的边际影响分别为－0.0470和－0.0302。这表明，在均值处，税收感知度变量每增加一单位，居民"完全不愿意"和"不太愿意"缴纳个人所得税的概率分别下降了4.70%和3.02%。但是，税收感知度对居民"比较愿意"（Y＝4）和"完全愿意"（Y＝5）缴纳个人所得税的边际影响均在1%的显著性水平

上显著为正，且具体的边际影响分别为 0.0436 和 0.0205。这表明，在均值处，税收感知度变量每增加一单位，居民"比较愿意"和"完全愿意"缴纳个人所得税的概率分别增加了 4.36% 和 2.05%。此外，教育水平对居民"完全不愿意"（Y=1）和"不太愿意"（Y=2）缴纳个人所得税的边际影响均在 1% 的显著性水平上显著为负，且具体的边际影响分别为 -0.0341 和 -0.0219。这表明，在均值处，教育水平变量每增加一单位，居民"完全不愿意"和"不太愿意"缴纳个人所得税的概率分别下降了 3.41% 和 2.19%。但是，教育水平对居民"比较愿意"（Y=4）和"完全愿意"（Y=5）缴纳个人所得税的边际影响分别在 1% 和 5% 的显著性水平上显著为正，且具体的边际影响分别为 0.0316 和 0.0148。这表明，在均值处，教育水平变量每增加一单位，居民"比较愿意"和"完全愿意"缴纳个人所得税的概率分别增加了 3.16% 和 1.48%。

从表 7-8 的计算结果中还可以看出，幸福感对居民"完全不愿意"（Y=1）和"不太愿意"（Y=2）缴纳个人所得税的边际影响均在 1% 的显著性水平上显著为负，且具体的边际影响分别为 -0.0442 和 -0.0284。这表明，在均值处，幸福感变量每增加一单位，居民"完全不愿意"和"不太愿意"缴纳个人所得税的概率分别下降了 4.42% 和 2.84%。但是，幸福感对居民"比较愿意"（Y=4）和"完全愿意"（Y=5）缴纳个人所得税的边际影响均在 1% 的显著性水平上显著为正，且具体的边际影响分别为 0.0410 和 0.0193。这表明，在均值处，幸福感变量每增加一单位，居民"比较愿意"和"完全愿意"缴纳个人所得税的概率分别增加了 4.10% 和 1.93%。此外，政治面貌对居民"完全不愿意"（Y=1）和"不太愿意"（Y=2）缴纳个人所得税的边际影响分别在 10% 和 5% 的显著性水平上显著为负，且具体的边际影响分别为 -0.0566 和 -0.0342。这表明，与普通群众相比，具有党员/团员/民主党派身份居民"完全不愿意"和"不太愿意"缴纳个人所得税的概率分

别下降了 5.66% 和 3.42% 。但是，政治面貌对居民 "比较愿意" （Y =
4）和 "完全愿意" （Y = 5）缴纳个人所得税的边际影响均在 5% 的显著
性水平上显著为正，且具体的边际影响分别为 0.0504 和 0.0229。这表
明，与普通群众相比，具有党员/团员/民主党派身份居民 "比较愿意"
和 "完全愿意" 缴纳个人所得税的概率分别增加了 5.04% 和 2.29% 。

7.4.2.3　稳健性检验

为了进一步检验上述估计结果的稳健性，特别是税收感知度对居民
个人所得税纳税意愿影响的稳健性，本章还从个人所得税的征税范围、
免征额、税率和计算方法四个维度进一步测量了居民的个税认知度，并
利用个税认知度替代税收感知度做了稳健性分析，具体估计结果如表
7 - 9 所示。此外，考虑到低收入水平居民，特别月收入低于 3500 元的
居民可能并不需要缴纳个人所得税，以及农村居民缴纳个人所得税的可
能性也比较低的社会现实，本章在剔除月收入低于 3500 元的样本与农
村居民样本后，重新进行了稳健性分析，具体估计结果如表 7 - 10
所示。

表 7 - 9　　　　　　　　　居民纳税意愿对个税认知度的回归结果

解释变量	被解释变量：居民纳税意愿				
	(20)	(21)	(22)	(23)	(24)
Inctaxperception	0.3773 *** (0.0501)	0.2838 *** (0.0553)	0.2835 *** (0.0557)	0.2870 *** (0.0558)	0.2691 *** (0.0563)
Income		0.1170 * (0.0638)	0.0802 (0.0635)	0.0498 (0.0646)	0.0155 (0.0660)
Education		0.1739 *** (0.0453)	0.1551 *** (0.0468)	0.0936 * (0.0521)	0.1067 ** (0.0534)
Taxcomplexity			- 0.1006 (0.0620)	- 0.0973 (0.0631)	- 0.1051 * (0.0628)

续表

解释变量	被解释变量：居民纳税意愿				
	（20）	（21）	（22）	（23）	（24）
Happy			0.1703 *** (0.0590)	0.1654 *** (0.0596)	0.1824 *** (0.0607)
Huji				0.1015 (0.1295)	0.1113 (0.1299)
Polity				0.2904 ** (0.1144)	0.2321 ** (0.1160)
Gender					0.2609 *** (0.1008)
Age					0.0794 (0.0587)
Marriage					0.0379 (0.1524)
N	498	498	498	498	498
*Waldchi*2	56.79	75.95	85.74	97.74	105.50
*Prob > chi*2	0.0000	0.0000	0.0000	0.0000	0.0000
R^2	0.0453	0.0572	0.0649	0.0704	0.0768

注：（1）括号内是稳健标准误。

（2）***、**、* 分别表示在1%、5%和10%的显著性水平上显著。

表7-9报告了"个税认知度"替换"税收感知度"作为核心解释变量进行稳健性检验的估计结果。模型（20）报告的是在未控制任何变量的情况下，个税认知度对居民个人所得税纳税意愿影响的估计结果；模型（21）是在模型（20）的基础上，进一步控制了收入水平与教育水平后，个税认知度对居民个人所得税纳税意愿影响的估计结果；模型（22）、模型（23）、模型（24）则进一步依次加入了税制复杂性、幸福感、户籍、政治面貌、性别、年龄和婚姻状况等控制变量。从表7-9的估计结果中可以看出，核心解释变量个税认知度的估计系数在模型

（20）、模型（21）、模型（22）、模型（23）、模型（24）中均在1%的显著性水平上显著为正。这说明，在控制收入水平、教育水平和税制复杂性等一系列因素的情况下，个税认知度对居民个人所得税纳税意愿具有显著的正向影响，即居民的个税认知度越高，其缴纳个人所得税的意愿也会越高。此外，从控制变量来看，教育水平变量的估计系数在模型（24）中在5%的显著性水平上显著为正。这表明，居民的教育水平对其个人所得税纳税意愿具有显著的正向影响，即随着居民教育水平的提高，其缴纳个人所得税的意愿也会逐步提高。幸福感变量的估计系数在模型（22）、模型（23）、模型（24）中均在1%的显著性水平上显著为正，表明居民的幸福感对其个人所得税纳税意愿具有显著的正向影响，即随着居民幸福感的提高，其缴纳个人所得税的意愿也会逐步提高。政治面貌变量的估计系数在模型（24）中在5%的显著性水平上显著为正，表明居民的政治面貌对其个人所得税纳税意愿具有显著的正向影响，即与普通群众相比，具有党员/团员/民主党派身份居民缴纳个人所得税的意愿相对更高。由此可见，"个税认知度"替换"税收感知度"作为核心解释变量的估计结果与表7-7中的估计结果是基本一致的，说明本章的估计结果是比较稳健的。

表7-10 纳税意愿的稳健性检验结果

解释变量	被解释变量：居民纳税意愿			
	剔除低收入的样本		剔除农村居民的样本	
	（25）	（26）	（27）	（28）
Taxperception	0.2381 ***		0.2182 ***	
	(0.0627)		(0.0582)	
Inctaxperception		0.3397 ***		0.2483 ***
		(0.0697)		(0.0611)
Income	- 0.1341	- 0.1198	0.0026	0.0102
	(0.1034)	(0.1080)	(0.0691)	(0.0685)

解释变量	被解释变量：居民纳税意愿			
	剔除低收入的样本		剔除农村居民的样本	
	（25）	（26）	（27）	（28）
Education	0. 1314 **	0. 0822	0. 1666 **	0. 1314 **
	（0. 0616）	（0. 0632）	（0. 0656）	（0. 0654）
Taxcomplexity	0. 0392	− 0. 0430	− 0. 0840	− 0. 1546 **
	（0. 0782）	（0. 0782）	（0. 0722）	（0. 0725）
Happy	0. 2170 ***	0. 1652 **	0. 2498 ***	0. 2397 ***
	（0. 0812）	（0. 0826）	（0. 0710）	（0. 0704）
Huji	0. 0406	0. 0439		
	（0. 1582）	（0. 1487）		
Polity	0. 1009	0. 0581	0. 2841 **	0. 2728 **
	（0. 1530）	（0. 1466）	（0. 1335）	（0. 1288）
Gender	0. 2607 **	0. 2394 *	0. 2510 **	0. 1972 *
	（0. 1245）	（0. 1263）	（0. 1113）	（0. 1113）
Age	0. 1349 *	0. 1351 *	0. 0567	0. 0503
	（0. 0742）	（0. 0717）	（0. 0688）	（0. 0679）
Marriage	− 0. 0816	0. 0058	− 0. 1464	− 0. 0780
	（0. 2051）	（0. 2058）	（0. 1768）	（0. 1793）
N	337	337	396	396
Waldchi2	56. 74	68. 15	73. 85	79. 87
Prob > chi2	0. 0000	0. 0000	0. 0000	0. 0000
Pseudo R^2	0. 0581	0. 0689	0. 0603	0. 0613

注：（1）括号内是稳健标准误。

　　（2）***、**、*分别表示在 1%、5% 和 10% 的显著性水平上显著。

　　表 7 - 10 报告了剔除低收入样本与农村居民样本后的稳健性检验结果。模型（25）和模型（26）分别报告的是在剔除低收入样本后，税收感知度与个税认知度对居民个人所得税纳税意愿影响的估计结果，从模型（25）和模型（26）的估计结果中可以看出，税收感知度和个税认知

度的估计系数均在1%的显著性水平上显著为正，与表7－7模型（19）和表7－9模型（24）的估计结果是基本一致的，即在剔除低收入样本后，税收感知度与个税认知度对居民个人所得税纳税意愿同样具有显著的正向影响。模型（27）和模型（28）分别报告的是在剔除农村居民样本后，税收感知度与个税认知度对城镇居民个人所得税纳税意愿影响的估计结果，从模型（27）和模型（28）的估计结果中可以看出，税收感知度和个税认知度的估计系数均在1%的显著性水平上显著为正，与表7－7模型（19）和表7－9模型（24）的估计结果也是基本一致的，即税收感知度与个税认知度对城镇居民个人所得税纳税意愿同样具有显著的正向影响。

7.5   本章小结

本章基于中国的社会环境、税制环境与居民纳税意识的现状，从税收凸显性理论和行为经济学的视角，以中国现行的个人所得税为例，利用微观调查数据和 Ordered Probit 模型，实证分析了税收感知度对居民纳税遵从度与纳税意愿的影响。研究发现：税收感知度和个税认知度对居民个人所得税纳税遵从度均具有显著的正向影响，即居民的税收感知度和个税认知度越高，其缴纳个人所得税的遵从度也会越高。税收感知度和个税认知度对居民个人所得税纳税意愿也均具有显著的正向影响，即居民的税收感知度和个税认知度越高，其缴纳个人所得税的意愿也会越高。

但是，需要特别说明的是，本章的研究结论仅适用于当前中国分类个人所得税制的特定税制环境，即当前中国居民的税收感知度和个税认知度普遍偏低，个人所得税征管体制不完善、征管强度和力度比较弱、主要采用代扣代缴的征管方式，个人所得税占国家整体税收的比例相对较低，并且主要来源于工资、薪金所得，以及中国居民个人所得税的人均税收负担相对比较低等。因此，随着税制改革的全面深化，特别是综合与分类相结合个人所得税制改革的推进，以及个人所得税征管强度与税收负担的提高，税收感知度和个税认知度对居民个人所得税纳税遵从度与纳税意愿的影响可能会发生变化，甚至可能会出现负向的影响。

第8章　研究总结、政策启示与研究展望

在当前全面深化财税体制改革的背景下，本书在调查分析中国居民税收认知度现状与差异性的基础上，基于行为经济学的视角，探讨了税收凸显性、税收感知度对居民行为偏好影响的如下问题：第一，以个人所得税与消费税为例，利用省级面板数据，实证分析了税收凸显性对居民消费支出的影响；第二，以卷烟消费和白酒消费为例，采用情景模拟的实验法，实证分析了消费税凸显性对居民消费行为倾向的影响；第三，基于纳税人的视角，利用微观调查数据，实证分析了税收感知度对居民政府规模偏好的影响；第四，以个人所得税为例，利用微观调查数据，实证分析了税收感知度对居民纳税遵从行为的影响。本章将在总结上述研究内容的基础上，提出本书研究的政策启示，并指出本书研究中存在的不足以及进一步的研究方向。

8.1　研究总结

在深化财税体制改革，逐步提高直接税比重，特别是推进个人所得税与消费税改革的背景下，本书基于行为经济学的视角，利用中国的省

级面板数据、微观调查数据与情景模拟的实验法，深入探讨和考察了税收凸显性、税收感知度对居民行为偏好的具体影响，主要研究结论如下：

（1）基于中国 2001～2014 年的省级面板数据，以个人所得税与消费税为例的实证研究发现，税收凸显性对居民的消费支出存在一定的影响。个人所得税作为直接税，直接面向居民征收，由于税收凸显性相对比较高，居民更容易察觉和感知自己的税收负担。因此，个人所得税对居民的消费支出具有显著的负效应，即随着个人所得税税负的提高，居民会显著地减少消费支出。而消费税作为间接税，由于采用价内税的税制设计，并且大部分应税消费品的消费税主要在生产环节征收，导致中国现行消费税的税收凸显性比较低，加之当前中国居民的税收认知度和税收意识普遍偏低，因此，消费税对居民消费支出的影响并不显著，即消费税税负的提高并不会导致居民消费支出的显著减少。在当前深化财税体制改革，尤其是提高直接税比重，推进个人所得税与房地产税等直接税改革的背景下，需要注意直接税凸显性较高的特征，以及直接税改革和税负提高可能会对居民消费支出造成的影响。

（2）以卷烟消费和白酒消费为例，采用情景模拟实验的研究发现，消费税凸显性对居民的消费行为倾向具有显著的影响。具体而言，在卷烟消费实验中，控制消费者的收入水平等相关因素的情况下，消费税凸显性对烟草消费者的消费行为倾向具有显著的影响，即在消费税凸显性较高的情境下，烟草消费者减少卷烟消费的行为倾向会更高。在白酒消费实验中，控制消费者的收入水平等相关因素的情况下，消费税凸显性对白酒消费者的消费行为倾向也具有显著的影响，即在消费税凸显性较高的情境下，白酒消费者减少白酒消费的行为倾向也会更高。此外，进一步的边际效应估计结果显示，与收入水平等其他相关变量相比，消费税凸显性对烟草消费者和白酒消费者"可能会"与"完全会"减少卷烟和白酒消费行为倾向的边际影响更大，表明消费税凸显性对居民的消费行为倾向具有较为重要的影响。因此，为了有效发挥消费税矫正负外部性和调节居民消费行为的作用，在消费税改革的过程中，可以考虑通过提高消费税凸显性来发挥消费税调节居民消费行为与需求结构的作用。

（3）根据政府规模"内在规模"与"外在规模"的划分，利用微观调查数据的实证研究发现，税收感知度对居民的政府规模偏好具有显著的影响。具体而言，在控制居民的收入水平、教育水平等个体特征的情况下，税收感知度对居民的政府"内在规模"偏好具有显著的影响，即居民的税收感知度越高，其对限制"政府权力规模"的偏好会越强烈。此外，在控制居民的收入水平、教育水平等个体特征的情况下，税收感知度对居民的政府"外在规模"偏好也具有显著的影响，即居民的税收感知度越高，其对限制"政府机构与公务员规模"和"行政经费开支规模"的偏好也会越强烈。在当前深化税制改革的背景下，随着直接税比重的逐步提高，中国居民的税收感知度也会不断提高，与此同时，居民对政府权力和政府规模的监督意识也会持续增强。因此，在深化税制改革的同时，行政体制改革也要同步推进，要进一步简政放权，优化政府组织结构，严格控制政府机构编制与财政供养人员总量。

（4）以个人所得税为例，利用微观调查数据的实证研究发现，税收感知度对居民的纳税遵从度和纳税意愿具有显著的影响。具体而言，在控制收入水平、教育水平和税制复杂性等一系列因素的情况下，税收感知度对居民的纳税遵从度具有显著的正向影响，即居民的税收感知度越高，其缴纳个人所得税的遵从度也会越高。此外，在控制收入水平、教育水平和税制复杂性等一系列因素的情况下，税收感知度对居民的纳税意愿也具有显著的正向影响，即居民的税收感知度越高，其缴纳个人所得税的意愿也会越高。但是，需要特别注意的是，这一研究结论仅适用于当前个人所得税制的特定税制环境，即当前中国居民的税收感知度和个税认知度普遍偏低，个人所得税征管体制不完善、征管强度和力度比较弱、主要采用代扣代缴的征管方式，个人所得税占国家整体税收的比

例相对较低，并且主要来源于工资、薪金所得，以及中国居民个人所得
税的人均税收负担相对比较低等。随着综合与分类相结合个人所得税制
改革的推进，以及税收征管强度与税收负担的提高，税收感知度对居民
纳税遵从度和纳税意愿的影响可能会发生变化，甚至可能会出现负向的
影响。

8.2　政　策　启　示

　　长期以来，中国的税制结构以间接税为主体，由于间接税具有税源
丰富、便于征管等优点，因此，间接税对于保证国家财政收入发挥了重
要作用。但是，间接税具有累退性、税负易于转嫁等弊端，不利于调节
收入分配。中国以间接税为主的现行税制与当时税制设计时的社会经济
发展水平和税收征管水平是相适应的，但是，改革开放以来，随着社会
经济的快速发展与税收征管水平的不断提高，特别是居民收入水平与居
民社会财富的快速增长，现行税制已经不能适应社会经济发展的需要，
税制改革迫在眉睫。为此，中共中央在十八届三中全会上明确提出，要
深化财税体制改革，逐步提高直接税比重，并加快综合与分类相结合的
个人所得税制与房地产税制改革。尽管直接税更好地体现了税负公平和
量能负担的原则，可以更有效地调节收入分配的差距。但是，直接税的
税收凸显性比较高，纳税人更易察觉和感知，提高直接税比重会显著增
加居民的税收负担和税收痛苦指数，并且直接税面向居民个人或家庭征
收，税收征管难度和复杂性都比较大，对税收征管水平的要求也相对比
较高。本书的研究结果表明，税收凸显性和税收感知度对居民的行为偏
好存在显著的影响。有鉴于此，在当前全面深化财税体制改革，特别是
推进个人所得税、房地产税和消费税改革的背景下，为了降低个人所得
税与房地产税等直接税改革对居民行为影响的负面效应，提高居民的纳

税遵从水平，并充分发挥消费税对居民消费行为和消费结构的调节作用，本书提出如下政策建议。

8.2.1 完善个人所得税税制，降低中低收入者的税负

个人所得税是直接面向居民个人取得的各类应税所得而征收的一种直接税，也是我国当前税制体系中税收凸显性比较高的税种。本书的研究发现，由于个人所得税的税收凸显性比较高，个人所得税对居民的消费行为具有显著的负向影响，即随着个人所得税税负的提高，居民会由于可支配收入的减少而减少消费支出。但是，在当前中国经济新常态的发展背景下，刺激消费、扩大内需对促进国民经济的持续稳定发展具有重要作用。中国当前个人所得税的税收收入主要来源于工薪阶层的工资、薪金所得，[①] 而工薪阶层中大多数都是中低收入者。因此，要有效扩大内需、刺激居民消费，尤其是提高广大工薪阶层和中低收入者的消费水平，必须进一步调整和完善中国当前的个人所得税税制，降低中低收入者和工薪阶层的个人所得税税负，并适当提高高收入阶层的个人所得税税负。

近年来，我国对个人所得税的免征额进行了多次的调整，其中2011年7月全国人大常委会审议通过的最新个人所得税法修正案，将个税免征额由每月2000元提高到每月3500元，将税率累进级由9级减少到7级。但是，国内学者的研究则表明，2011年的个人所得税改革并没有真正起到调节收入分配的作用，甚至弱化了本来就比较微弱的个人所得税的收入分配效应（岳希明、徐静等，2012；孙亦军、梁云凤，2013）。因此，就我国今后个人所得税的改革而言，首先，应从个人所得税的税

[①] 2015年《中国税务年鉴》的统计数据显示：2014年中国个人所得税收入中来源于工资、薪金所得的税收入占比高达65.34%。

制模式上作出根本性的变革，正如党的十八届三中全会审议通过的《中共中央关于全面深化改革若干重大问题的决定》中明确指出的那样，逐步建立综合与分类相结合的个人所得税税制，构建以家庭为单位的纳税机制；其次，还需要进一步完善个人所得税的税收优惠政策，提高对中低收入家庭的税收减免力度。从而逐步实现高收入者多纳税，低收入者少纳税，充分发挥个人所得税调节居民收入分配的作用，并从根本上降低中低收入者的个人所得税税负，增加中低收入者的可支配收入，降低个人所得税对居民消费支出的负面影响，进而促进居民消费能力的提高。

8.2.2　提高消费税的税收凸显性，发挥消费税的调节作用

消费税是对特定消费品和消费行为征收的一种流转税，其主要目的是调节居民的消费行为和消费结构。但是，中国的消费税在调节居民消费结构、引导居民消费行为和矫正负外部性等方面并没有发挥其应有的功能和作用。这主要是由于当前中国消费税的税收凸显性比较低，消费者难以察觉和感知，因此，消费税难以发挥其调节居民消费行为的作用。在消费税凸显性较高的情境下，居民减少卷烟和白酒消费的行为倾向会更高，这表明在现实的社会经济生活中，消费税凸显性会影响居民的消费行为决策。当消费税凸显性较高时，消费者对商品价格中税收的察觉和感知程度会明显提高，因此，为了实现自身福利效用的最大化，对于消费税税负较高的商品，消费者在进行消费行为决策时会更加理性，从而会减少对高额税负商品的消费需求。

在当前推进消费税改革的背景下，本书的研究结论对中国当前的消费税改革具有如下政策启示：首先，对于烟、酒等具有负外部性且过度消费会危害消费者健康的商品，在设计消费税税制时可以采用价外征税的方式，以提高消费税的凸显性，从而实现消费税矫正负外部性和调节

居民消费行为的作用。实践表明，在当前中国消费税价内计征的税制设
计下，通过征收烟、酒消费税来抑制烟、酒消费需求的策略难以发挥其
应有的作用。因此，为了有效发挥消费税矫正负外部性和调节居民消费
行为的作用，中国在提高烟、酒消费税税率的同时，更为重要的是调整
烟、酒消费税的征税环节和计征方式，将征税环节调整至零售环节，并
采用价外征税的方式，从而提高烟、酒消费税的凸显性，使得消费者能
够完全察觉和感知到消费烟、酒时需要承担高额的消费税，进而改变其
消费需求，减少对烟、酒的购买和消费。其次，由于中国现行消费税的
课税科目较窄，高耗能、高污染产品以及高档家具、高档服装等高档消
费品仍未纳入消费税征税范围，因此，为了实现消费税调节生产结构与
引导合理消费的目的，应进一步扩大我国消费税的征收范围，逐步将高
耗能、高污染产品以及高档家具、高档服装等高档奢侈品纳入消费税征
税范围。最后，由于我国消费税的税率在设计方面存在高端奢侈品税率
比销售面较广和销售量较大的奢侈品还要低很多的不合理问题，因此，
我国消费税的改革应逐步降低一般化妆品等逐渐大众化的产品的税率，
并提高游艇、珠宝玉石等高档奢侈消费品的税率。

8.2.3 深化行政体制改革，优化政府组织规模

适度的政府规模有利于促进经济增长和提高社会福利水平，而过度
膨胀的政府规模不仅有损经济效率和社会公平，还会增加地区腐败案件
的发生率和居民的税收负担。随着我国政府规模的日益膨胀，特别是由
于政府权力高度集中而导致的腐败问题日益严重，以及居民税收意识和
民主意识的增强，"三公经费"问题和政府规模问题不仅引起了学者的
关注，也引起了广大社会民众的普遍关注。在当前深化财税体制改革的
背景下，随着税制结构的逐步调整，以及个人所得税与房地产税的改
革，中国直接税的比重与税收凸显性都将日益提高。与此同时，中国居

民的税收感知度和税收权利意识也将随着税收凸显性的提高而不断提高，因此，中国居民对政府规模和权力的监督意识，尤其是对政府如何使用税收收入的监督意识必将会日益提高。

近年来，由于中国各级地方政府规模的不断扩张，居民的税收负担也在不断增加，导致中国居民的税收痛苦指数和厌税情绪也在日益提高。有鉴于此，为了降低当前中国税制改革的负面效应以及居民的厌税情绪，提高居民的纳税遵从度，我国政府需要进一步深化行政体制改革，严格控制政府规模。具体而言，要进一步优化政府机构设置，严格控制机构的数量和编制，并逐步减少财政供养人员的规模和数量；同时，还应进一步简政放权，深化行政审批制度改革，逐步提高政府机构的行政效率。此外，个人所得税与房地产税作为直接税，由于税收凸显性比较高，居民对其感知度也相对比较高，因此，鉴于长期以来，中国居民的税收认知度和纳税意识相对比较低的客观现状，为了降低居民的厌税情绪和税制改革的负面社会效应，当前中国的个人所得税与房地产税等财产税制度的改革应当循序渐进，并坚持降低居民税收负担，促进税负公平的宗旨。

8.2.4　增强居民税收认知度，提高居民的纳税意识

居民的税收认知度不仅反映了税收的凸显程度，也反映了居民税收意识的现状。整体而言，当前我国居民的税收认知程度相对偏低，居民的税收意识亟待提高。鉴于居民的税收认知度会影响其纳税遵从度与纳税意愿，在当前深化财税体制改革的背景下，建议通过加强税务宣传、完善个人所得税与消费税制度和优化税制结构等途径来提高居民的税收认知度，从而提高我国居民的纳税意识。

首先，要加强税务知识宣传，并逐步提高纳税服务水平。鉴于居民的税收认知水平受到教育水平及相关知识水平的影响，在当前互联网等

新媒体高度发达的时代，税务机关应通过各种新媒体和新途径加强对居民进行税务知识的宣传，从而提高居民对税收的理解和认识。与此同时，税务机关还应以方便居民申报和纳税为原则，逐步提高其纳税服务水平，从而提高居民的纳税遵从度。其次，要完善个人所得税与消费税制度，提高居民的税收感知度。具体而言，需要进一步完善个人财产租赁、转让所得与资本所得的纳税征管机制，并逐步完善分类与综合相结合的个人所得税制度。此外，在消费税改革中，建议调整现行消费税价内计税的方式，逐步推行消费税价外计税的方式，提高消费税的税收凸显性，从而提高居民对消费税的认知程度。最后，要进一步优化税制结构，逐步提高直接税比重。长期以来，我国的税制结构以消费税、增值税、营业税等间接税为主体，而间接税的税收凸显性相对比较低，其在很大程度上降低了居民对税收的察觉和感知程度。因此，在今后的税制改革中，应进一步优化税制结构，提高个人所得税、财产税等直接税的比重，并适时开征房地产税和遗产税，从而提高我国居民的税收认知度与纳税意识。

8.3 研究不足与展望

正如前文所述，在当前全面深化财税体制改革，特别是推进个人所得税、消费税与房地产税等税制改革的背景下，本书基于中国的税制环境和居民税收认知度的现状，从行为经济学的视角出发，就税收凸显性和税收感知度对居民行为偏好的影响问题进行了比较系统和全面的研究，不仅丰富了国内关于税收凸显性问题研究的文献，也为当前中国的税制改革提供了经验证据和政策启示。但是，需要说明的是，本书的研究中依然存在一些不足和缺陷，有待在后续研究中进一步改进和完善。

在研究内容方面，本书存在如下不足：第一，税收凸显性对居民行为偏好的影响不仅涉及消费行为、政府规模偏好和纳税遵从行为，还涉及劳动供给行为、政治参与行为与公共产品偏好等多个方面，而本书仅仅研究了税收凸显性和税收感知度对居民消费行为、政府规模偏好和纳税遵从行为的影响。第二，在税收凸显性对居民消费支出影响的研究中，由于数据限制，本书未区分税收凸显性对不同收入群体消费支出的具体影响。第三，在税收凸显性对居民消费行为影响的实验研究中，本书仅选择卷烟和白酒这两种税负较高的消费品，而未研究税收凸显性对税负较低消费品的影响。第四，在税收感知度对居民政府规模偏好影响的研究中，本书的研究并未区分具体税种的税收感知度，但在现实经济生活中，居民对不同税种的税收感知度可能存在显著的差异。第五，在税收感知度对居民纳税遵从行为影响的研究中，本书并未区分税收感知度对不同来源所得税纳税遵从度与纳税意愿影响的差异，这些问题都还有待后续进行深入研究。

在研究数据方面，本书存在如下不足：第一，由于缺乏较为有效的微观数据，本书采用省级面板数据研究税收凸显性对居民消费支出的影响，可能会存在一定的偏误，因此，关于税收凸显性对消费支出的影响问题，有待后续利用微观数据的研究进一步验证。第二，税收感知度、消费行为偏好、政府规模偏好和纳税遵从度等均为主观性指标，测度时可能会存在一定的误差。第三，在税收问题研究方面，由于当前国内缺乏较为权威机构的微观调查数据，本书在研究税收凸显性对居民消费行为倾向的影响，以及税收感知度对居民政府规模偏好和纳税遵从行为的影响时，主要采用华中科技大学、华中师范大学与江西财经大学课题组合作进行的微观调查数据，但是，由于人力和财力等多方面的限制，调查的样本还较为有限，因此，在后续的研究中有待进一步扩大样本量，从而确保估计结果的准确性。

在研究方法方面，本书存在如下不足：第一，本书在研究税收凸显性对居民消费支出的影响时，采用了理论分析与实证分析相结合的研究方法，但是，该部分理论分析的深度可能有待后续研究进一步加强。第二，本书在研究税收凸显性对居民消费行为倾向的影响时，主要采用了理论分析与实证分析相结合的研究方法，并借鉴了管理学研究中常用的情景模拟的组间实验法，该方法相对于实验经济学中的实验方法，具有成本低且易于开展的特点和优势，但是，该方法缺乏真实的货币激励，并且与现实生活中真实的消费情景存在一定的差异，因此，利用该方法得到的研究结果可能会低估税收凸显性对居民消费行为的影响。第三，本书在研究税收感知度对居民政府规模偏好与纳税遵从行为的影响时，主要采用了实证分析的方法，该部分的理论分析相对缺乏，有待在后续研究中进一步强化。

参考文献

[1] Acosta P. The "flypaper effect" in presence of spatial interdependence: evidence from Argentinean municipalities [J]. The annals of regional science, 2010, 44 (3): 453 –466.

[2] Adda J, Cornaglia F. Taxes, cigarette consumption, and smoking intensity [J]. The American Economic Review, 2006, 96 (4): 1013 –1028.

[3] Akbay C, Tiryaki G Y, Gul A. Consumer characteristics influencing fast food consumption in Turkey [J]. Food control, 2007, 18 (8): 904 –913.

[4] Allingham M G, Sandmo A. Income tax evasion: A theoretical analysis [J]. Journal of public economics, 1972, 1 (3 –4): 323 –338.

[5] Altemeyer – Bartscher M. Fiscal Equalization, Tax Salience, and Tax Competition [Z]. working paper, 2014.

[6] Arrazola M, de Hevia J, Sanz J F. More on tax perception and labour supply: the Spanish case [J]. Economics Letters, 2000, 67 (1): 15 –21.

[7] Atkinson, A. B. and Stiglitz, J. E. The Design of Tax Structure: Direct versus Indirect Taxation [J]. Journal of Public Economics, 1976, 6 (1): 55 –75.

[8] Bailey S J, Connolly S. The flypaper effect: Identifying areas for further research [J]. Public choice, 1998, 95 (3 –4): 335 –361.

[9] Becker E. The illusion of fiscal illusion: Unsticking the flypaper effect [J]. Public Choice, 1996, 86 (1-2): 85-102.

[10] Bernheim B D, Rangel A. Beyond Revealed Preference: Choice - Theoretic Foundations for Behavioral Welfare Economics [J]. The Quarterly Journal of Economics, 2009, 124 (1): 51-104.

[11] Blumkin T, Ruffle B J, Ganun Y. Are income and consumption taxes ever really equivalent? Evidence from a real - effort experiment with real goods [J]. European Economic Review, 2012, 56 (6): 1200-1219.

[12] Borge L E. Lump - sum intergovernmental grants have price effects: A note [J]. Public Finance Quarterly, 1995, 23 (2): 271-274.

[13] Bracco E, Porcelli F, Redoano M. Political Competition, Tax Salience and Accountability: Theory and Some Evidence from Italy [Z]. working paper, 2014.

[14] Bradley S. Property Tax Salience and Payment Delinquency [Z]. Working paper, 2013.

[15] Bradford D F, Oates W E. Towards a predictive theory of intergovernmental grants [J]. The American Economic Review, 1971, 61 (2): 440-448.

[16] Brennan G, Pincus J J. A minimalist model of federal grants and flypaper effects [J]. Journal of Public Economics, 1996, 61 (2): 229-246.

[17] Brennnan, G. & Buchanan, J. The power to tax: Analytical foundations of a fiscal constitution [M]. Cambridge: Cambridge University Press, 1980.

[18] Brown J, Hossain T, Morgan J. Shrouded Attributes and Information Suppression: Evidence from the Field [J]. The Quarterly Journal of Economics, 2010, 125 (2): 859-876.

[19] Buchanan, J. M. Fiscal Theory and Political Economy [M].

Chapel Hill: University of North Carolina Press, 1960.

[20] Cabral M, Hoxby C. The Hated Property Tax: Salience, Tax Rates, and Tax Revolts [Z]. NBER Working Paper Series, 2012.

[21] Chen X, Kaiser H M, Rickard B J. The impacts of inclusive and exclusive taxes on healthy eating: An experimental study [J]. Food Policy, 2015, 56: 13 - 24.

[22] Chetty R. The Simple Economics of Salience and Taxation [Z]. NBER Working Paper Series, 2009.

[23] Chetty R, Looney A, and Kroft K. Salience and Taxation: Theory and Evidence [J]. American Economic Review, 2009, 99 (4): 1145 - 1177.

[24] Chetty R, Saez E. Teaching the tax code: Earnings responses to an experiment with EITC recipients [J]. American Economic Journal: Applied Economics, 2013, 5 (1): 1 - 31.

[25] Chetty R, Saez E. Dividend and corporate taxation in an agency model of the firm [J]. American Economic Journal: Economic Policy, 2010, 2 (3): 1 - 31.

[26] Clarke C, Fox E. Perceptions of Taxing and Spending: A Survey Experiment [J]. Yale Law Journal, 2015, 124 (4): 1252 - 1293.

[27] Coey D. Estimating Income Tax Salience [J]. Working paper, 2011.

[28] Congdon W J, Kling J R, Mullainathan S. Behavioral economics and tax policy [J]. National Tax Journal, 2009, 62 (3): 375 - 387.

[29] Dahlby B. The marginal cost of public funds and the flypaper effect [J]. International Tax and Public Finance, 2011, 18 (3): 304 - 321.

[30] De Bartolome C A M. Which tax rate do people use: Average or marginal? [J]. Journal of public Economics, 1995, 56 (1): 79 - 96.

[31] De Mello L. Fiscal federalism and government size in transition

economies: the case of Moldova [J]. Journal of International Development, 2001, 13 (2): 255 – 268.

[32] DellaVigna S. Psychology and economics: Evidence from the field [J]. Journal of Economic literature, 2009, 47 (2): 315 – 372.

[33] Dollery B, Worthington A. Fiscal illusion at the local level: an empirical test using Australian municipal data [J]. Economic Record, 1999, 75 (1): 37 – 48.

[34] Edgerton J. Investment, Accounting, and the Salience of the Corporate Income Tax [Z]. NBER Working Paper Series, 2012.

[35] Faulhaber L V. The Hidden Limits of the Charitable Deduction: An Introduction to Hypersalience [J]. Boston University Law Review, 2012, 92 (4): 1307 – 1348.

[36] Feldman N E, Ruffle B J. The Impact of Tax Exclusive and Inclusive Prices on Demand [Z]. SSRN Working Paper Series, 2012.

[37] Finkelstein A. E – ztax: Tax Salience and Tax Rates [J]. The Quarterly journal of economics, 2009, 124 (3): 969 – 1010.

[38] Fochmann M, Kiesewetter D, Blaufus K, etal. Tax Perception – An Empirical Survey [Z]. SSRN Working Paper Series, 2010.

[39] Fujii E T, Hawley C B. On the Accuracy of Tax Perceptions [J]. The Review of Economics and Statistics, 1988, 70 (2): 344 – 47.

[40] Gabaix X, Laibson D. Shrouded Attributes, Consumer Myopia, and Information Suppression in Competitive Markets [J]. The Quarterly Journal of Economics, 2006, 121 (2): 505 – 540.

[41] Gamage D, Shanske D. The Case for Reducing the Market Salience of Taxation [C]. National Tax Association, Proceedings of the 103rd Annual Conference. 2010.

[42] Gamage D, Shanske D. Three essays on tool Salience: Market Sa-

lience and Political Salience [J]. Tax L. Rev. , 2011, 65: 19 – 98.

[43] Gamage D. On the Future of Tax Salience Scholarship: Operative Mechanisms and Limiting Factors [J]. Florida State University Law Review, 2013, 41: 173 – 203.

[44] Gemmell N, Morrissey O, Pinar A. Fiscal illusion and political accountability: theory and evidence from two local tax regimes in Britain [J]. Public choice, 2002, 110 (3 – 4): 199 – 224.

[45] Gemmell N, Morrissey O, Pinar A. Tax perceptions and the demand for public expenditure: evidence from UK micro – data [J]. European Journal of Political Economy, 2003, 19 (4): 793 – 816.

[46] Gemmell N, Morrissey O, Pinar A. Fiscal illusion and the demand for government expenditures in the UK [J]. European journal of political economy, 1999, 15 (4): 687 – 704.

[47] Goldin J. Sales tax not included: designing commodity taxes for inattentive consumers [J]. Yale Law Journal, 2012, 122 (1): 258 – 301.

[48] Goldin J, Homonoff T. Smoke gets in your eyes: Cigarette tax salience and regressivity [J]. American Economic Journal: Economic Policy, 2013, 5 (1): 302 – 336.

[49] Goldin J, Listokin Y. Tax expenditure salience [J]. American law and economics review, 2014, 16 (1): 144 – 176.

[50] Goldin J. Optimal tax salience [J]. Journal of Public Economics, 2015, 131: 115 – 123.

[51] Grossman P J. Fiscal decentralization and government size: An extension [J]. Public Choice, 1989, 62 (1): 63 – 69.

[52] Hayashi A T. The Legal Salience of Taxation [J]. The University of Chicago Law Review, 2014, 81 (4): 1443 – 1507.

[53] Hayashi A T, Nakamura B K, Gamage D. Experimental Evidence

of Tax Salience and the Labor – Leisure Decision: Anchoring, Tax Aversion, or Complexity? [J]. Public Finance Review, 2013, 41 (2): 203 – 226.

[54] Hanson A, Sullivan R. Incidence and Salience of Alcohol Taxes Do Consumers Overreact? [J]. Public Finance Review, 2016, 44 (3): 344 – 369.

[55] Heil J B. The search for Leviathan revisited [J]. Public Finance Review, 1991, 19 (3): 334 – 346.

[56] Hines J R, Thaler R H. Anomalies: The flypaper effect [J]. The Journal of Economic Perspectives, 1995, 9 (4): 217 – 226.

[57] Holderness H. Price Includes Tax: Protecting Consumers from Tax – Exclusive Pricing [J]. NYU Ann. Surv. Am. L., 2010, 66: 783 – 824.

[58] Jekanowski M D, Williams D R, Schiek W A. Consumers' willingness to purchase locally produced agricultural products: an analysis of an Indiana survey [J]. Agricultural and Resource Economics Review, 2000, 29 (1): 43 – 53.

[59] Jin J, Zou H. How does fiscal decentralization affect aggregate, national, and subnational government size? [J]. Journal of Urban Economics, 2002, 52 (2): 270 – 293.

[60] Kahneman D, Tversky A. Prospect theory: An analysis of decision under risk [J]. Econometrica: Journal of the econometric society, 1979, 47 (2): 263 – 291.

[61] Kalayci K. Price complexity and buyer confusion in markets [J]. Journal of Economic Behavior and Organization, 2015, 111: 154 – 168.

[62] Kotakorpia K, Laamanenb J P. Complexity, salience and income tax reporting behaviour: Evidence from a natural experiment [J]. Working paper, 2015.

[63] Krishna A, Slemrod J. Behavioral public finance: tax design as

price presentation [J]. International Tax and Public Finance, 2003, 10 (2): 189 –203.

[64] Levaggi R, Zanola R. Flypaper effect and sluggishness: evidence from regional health expenditure in Italy [J]. International tax and public finance, 2003, 10 (5): 535 –547.

[65] Li S, Linn J, Muehlegger E. Gasoline taxes and consumer behavior [J]. American Economic Journal: Economic Policy, 2014, 6 (4): 302 –342.

[66] Logan R R. Fiscal Illusion and the Grantor Government [J]. Journal of Political Economy, 1986, 94 (6): 1304 –1318.

[67] Marshall L. New Evidence on Fiscal Illusion: The 1986 Tax" Windfalls" [J]. The American Economic Review, 1991, 81 (5): 1336 –1344.

[68] Marlow M L. Fiscal decentralization and government size [J]. Public Choice, 1988, 56 (3): 259 –269.

[69] McCaffery E J, Baron J. Thinking about tax [J]. Psychology, Public Policy, and Law, 2006, 12 (1): 106 –135.

[70] McCaffery E J, Baron J. Heuristics and biases in thinking about tax Proceedings [C]. Annual Conference on Taxation and Minutes of the Annual Meeting of the National Tax Association. National Tax Association, 2003, 96: 434 –443.

[71] McCaffery E J, Baron J. Isolation effects and the neglect of indirect effects of fiscal policies [J]. Journal of Behavioral Decision Making, 2006, 19 (4): 289 –302.

[72] Mill, J. S. Principles of Political Economy [M]. Oxford: Oxford University Press, 1848.

[73] Mirrlees J A. An exploration in the theory of optimum income taxation [J]. The Review of Economic Studies, 1971, 38 (2): 175 –208.

[74] Miller B, Mumford K. Personal Income Tax Salience: Evidence

from the Child and Dependent Care Credit Expansion [D]. University of California, 2011.

[75] Morse S C. Using Salience and Influence to Narrow the Tax Gap [J]. Loyola University Chicago Law Journal, 2009, 40 (3): 483 - 530.

[76] Morone A, Nemore F. Tax salience: an experimental investigation [J]. MPRA Paper, 2015.

[77] Morone A, Nemore F, Nuzzo S. Experimental Evidence on Tax Salience and Tax Incidence [J]. Working paper, 2016.

[78] Moshary S, Sweeney K, Tadelis U S. Price Salience and Product Choice [J]. working paper, 2017.

[79] Nelson M A. Searching for Leviathan: Comment and extension [J]. The American Economic Review, 1987, 77 (1): 198 - 204.

[80] Oates W E. Searching for Leviathan: An empirical study [J]. The American Economic Review, 1985, 75 (4): 748 - 757.

[81] Oates W E. Searching for Leviathan: a reply and some further reflections [J]. The american Economic review, 1989, 79 (3): 578 - 583.

[82] Preston I, Ridge M. Demand for local public spending: evidence from the British social attitudes survey [J]. The Economic Journal, 1995, 105 (430): 644 - 660.

[83] Puviani A. Teoria della illusione nelle entrate pubbliche [M]. Unione Tipografica Cooperativa, 1897.

[84] Ramsey F P. A Contribution to the Theory of Taxation [J]. The Economic Journal, 1927, 37 (145): 47 - 61.

[85] Rivers N, Schaufele B. Salience of carbon taxes in the gasoline market [J]. Journal of Environmental Economics and Management, 2015, 74: 23 - 36.

[86] Rodden J. Reviving Leviathan: fiscal federalism and the growth of

government [J]. International Organization, 2003, 57 (04): 695 –729.

[87] Rupert T J, Fischer C M. An empirical investigation of taxpayer awareness of marginal tax rates [J]. The Journal of the American Taxation Association, 1995, 17: 36 –59.

[88] Rupert T J, Single L E, Wright A M. The impact of floors and phase – outs on taxpayers´ decisions and understanding of marginal tax rates [J]. Journal of the American Taxation Association, 2003, 25 (1): 72 –86.

[89] Rupert T J, Wright A M. The use of marginal tax rates in decision making: The impact of tax rate visibility [J]. The Journal of the American Taxation Association, 1998, 20 (2): 83 –99.

[90] Saez E. Do taxpayers bunch at kink points? [J]. American Economic Journal: Economic Policy, 2010, 2 (3): 180 –212.

[91] Sausgruber R, Tyran J R. Testing the Mill hypothesis of fiscal illusion [J]. Public choice, 2005, 122 (1 –2): 39 –68.

[92] Sausgruber R, Tyran J R. Tax Salience, Voting, and Deliberation [J]. Univ. of Copenhagen Dept. of Economics Discussion Paper, 2008.

[93] Sanandaji T, Wallace B. Fiscal Illusion and Fiscal Obfuscation: Tax Perception in Sweden [J]. The Independent Review, 2011, 16 (2): 237 –246.

[94] Schenk D H. Exploiting the Salience Bias in Designing Taxes [J]. Yale Journal on Regulation, 2011, 28 (2): 253 –310.

[95] Shanske D, Gamage D. Three Essays on Tax Salience: Market Salience and Political Salience [J]. Tax Law Review, 2011, 65: 19 –98.

[96] Sherouse O P. The effects of tax salience on the size of public pension programs [Z]. Working paper, 2011.

[97] Simon H A. Rational choice and the structure of the environment [J]. Psychological review, 1956, 63 (2): 129 –138.

［98］Stein E. Fiscal decentralization and government size in Latin America ［J］. Journal of Applied Economics, 1999, 2 (2): 357 – 391.

［99］Taubinsky D, Rees – Jones A. Attention Variation and Welfare: Theory and Evidence from a Tax Salience Experiment ［J］. NBER working paper, 2016.

［100］Transue J E. Identity salience, identity acceptance, and racial policy attitudes: American national identity as a uniting force ［J］. American Journal of Political Science, 2007, 51 (1): 78 – 91.

［101］Turnbull G K. The overspending and flypaper effects of fiscal illusion: Theory and empirical evidence ［J］. Journal of Urban Economics, 1998, 44 (1): 1 – 26.

［102］Turner N. Why Don't Taxpayers Maximize their Tax – Based Student Aid? Salience and Inertia in Program Selection ［J］. The BE Journal of Economic Analysis & Policy, 2011, 11 (1): 1 – 24.

［103］Tversky A, Kahneman D. Judgment under Uncertainty: Heuristics and Biases ［J］. Science, 1974, 185 (4157): 1124 – 1131.

［104］Varela P. What is tax salience? ［D］. The Australian National University Canberra, 2016.

［105］Wagner R E. Revenue structure, fiscal illusion, and budgetary choice ［J］. Public choice, 1976, 25 (1): 45 – 61.

［106］Welsch H, Kühling J. Pro – environmental behavior and rational consumer choice: Evidence from surveys of life satisfaction ［J］. Journal of Economic Psychology, 2010, 31 (3): 405 – 420.

［107］Zheng Y, McLaughlin E W, Kaiser H M. Salience and taxation: salience effect versus information effect ［J］. Applied Economics Letters, 2013, 20 (5): 508 – 510.

［108］鲍静.《中国地方政府规模与结构评价蓝皮书·2009》评介

[J]. 中国行政管理, 2011 (3): 127 – 128.

[109] 陈平路. 基于行为经济理论的个人偷逃税模型 [J]. 财贸经济, 2007 (11): 60 – 64.

[110] 陈吉凤, 吴斌. 行为经济学视角的纳税遵从研究述评 [J]. 经济问题探索, 2012 (11): 151 – 154.

[111] 陈力朋, 郑玉洁. 我国居民的税收认知程度: 现状、差异与政策启示 [J]. 税收经济研究, 2015 (5): 29 – 34.

[112] 陈力朋, 郑玉洁, 徐建斌. 消费税凸显性对居民消费行为的影响——基于情景模拟的一项实证研究 [J]. 财贸经济, 2016 (7): 34 – 49.

[113] 陈力朋, 王婷, 伍岳. 税制结构与社会经济发展——基于 DLI 指数的实证分析 [J]. 公共财政研究, 2015 (5): 72 – 84.

[114] 陈黛斐, 温彩霞. 财税改革: 全面深化改革的突破口和主线索——专访中国社会科学院学部委员、财经战略研究院院长高培勇 [J]. 中国税务, 2014 (1): 16 – 19.

[115] 储德银, 韩一多. 基于行为经济学视阈下的税收遵从问题探析 [J]. 税务研究, 2016 (5): 109 – 112.

[116] 常亚平, 阎俊, 方琪. 企业社会责任行为、产品价格对消费者购买意愿的影响研究 [J]. 管理学报, 2008 (1): 110 – 117.

[117] 丁文. 自然人税收征管制度设计构想 [D]. 安徽财经大学, 2015.

[118] 范子英, 张军. 粘纸效应: 对地方政府规模膨胀的一种解释 [J]. 中国工业经济, 2010 (12): 5 – 15.

[119] 范子英, 张军. 转移支付、公共品供给与政府规模的膨胀 [J]. 世界经济文汇, 2013 (2): 1 – 19.

[120] 付文林, 沈坤荣. 均等化转移支付与地方财政支出结构 [J]. 经济研究, 2012, 5: 45 – 57.

[121] 方福前, 俞剑. 居民消费理论的演进与经验事实 [J]. 经济

学动态，2014（3）：11 – 34.

[122] 封进，张馨月，张涛. 经济全球化是否会导致社会保险水平的下降：基于中国省际差异的分析 [J]. 世界经济，2010，33（11）：37 – 53.

[123] 福建省地方税务局课题组，陈新儿，朱翔. 自然人税制体系的优化设计及其征管保障机制的构建 [J]. 税收经济研究，2016，21（1）：1 – 14.

[124] 高培勇. 由适应市场经济体制到匹配国家治理体系——关于新一轮财税体制改革基本取向的讨论 [J]. 财贸经济，2014（3）：5 – 20.

[125] 胡洪曙. 粘蝇纸效应及其对公共产品最优供给的影响 [J]. 经济学动态，2011（6）：149 – 152.

[126] 胡贺波. 中国中央与地方政府间财政关系研究及效应评价 [D]. 湖南大学，2015.

[127] 洪连埔. 纳税遵从风险偏好影响因素的实证分析 [J]. 税务研究，2014（3）：93 – 96.

[128] 郝爱民. 农户消费决定因素：基于有序 probit 模型 [J]. 财经科学，2009（3）：98 – 105.

[129] 黄凤羽，刘维彬，张瑞红. 个人所得税预缴税款制度对纳税遵从的影响研究——基于前景理论的心理效应分析 [J]. 当代经济科学，2017，39（1）：88 – 95.

[130] 韩晓琴. 有关纳税遵从的国内研究文献综述 [J]. 税收经济研究，2011，16（2）：33 – 39.

[131] 何建堂.《决定》规划了税制改革新蓝图 [J]. 注册税务师，2014（1）：12 – 14.

[132] 何红渠，肖瑛. 基于期望理论的纳税遵从行为研究 [J]. 财经研究，2005（3）：100 – 108.

[133] 贾康，张晓云. 中国消费税的三大功能：效果评价与政策调

整 [J]. 当代财经, 2014 (4): 24 - 34.

[134] 靳东升. 全面深化税制改革将更加注重税收公平 [J]. 地方财政研究, 2014 (1): 12 - 15.

[135] 金强. 税收对消费的作用机制研究——基于省级面板数据的实证分析 [J]. 科技与经济, 2017, 30 (1): 106 - 110.

[136] 李林木, 赵永辉. 公共品供给效率对高收入者纳税遵从决策的影响——基于前景理论的分析 [J]. 财政研究, 2011 (10): 32 - 36.

[137] 李建军, 肖育才. 税收征管存在"粘蝇纸"效应吗 [J]. 南开经济研究, 2012 (2): 55 - 66.

[138] 李春根, 徐建斌. 税制结构、税收价格与居民的再分配需求 [J]. 财贸经济, 2015 (11): 27 - 39.

[139] 李哲. 我国消费税法律制度问题研究 [D]. 吉林财经大学, 2017.

[140] 李梦娟. 我国消费税改革的考量与权衡 [J]. 税务研究, 2014 (5): 32 - 35.

[141] 李文. 税收负担对城镇居民消费的影响 [J]. 税务研究, 2011 (2): 29 - 32.

[142] 李晓嘉. 民生支出对城乡居民消费的影响及解释——基于省级动态面板数据的分析 [J]. 上海经济研究, 2012 (5): 68 - 84.

[143] 吕炜, 赵佳佳. 中国转移支付的粘蝇纸效应与经济绩效 [J]. 财政研究, 2015 (9): 44 - 52.

[144] 刘怡, 刘维刚. 转移支付对地方支出规模影响: 来自全国县级面板数据的证据 [J]. 经济科学, 2015 (2): 58 - 69.

[145] 刘怡, 余向荣. 现代税收的起源: 税收意识的视角 [J]. 财政研究, 2006 (2): 67 - 69.

[146] 刘金全, 潘雷, 何筱薇. 我国积极财政政策的"财政幻觉"分解与计量检验 [J]. 财经研究, 2004 (12): 44 - 52.

［147］刘华，陈力朋，徐建斌．税收凸显性对居民消费行为的影响——以个人所得税、消费税为例的经验分析［J］．税务研究，2015（3）：22 - 27.

［148］刘华，陈力朋，周琦深．税收凸显性对卷烟消费行为的影响——基于情景模拟的实证研究［J］．税务研究，2016（10）：40 - 44.

［149］刘华，魏娟，陈力朋．个人所得税征管信息凸显性与纳税遵从关系的实证分析［J］．税务研究，2017（2）：56 - 62.

［150］刘华，周琦深，王婷．实验研究方法在行为财政学中的应用［J］．经济学动态，2013（3）：119 - 128.

［151］刘华，王婷，周琦深．税收遵从研究述评：基于数据获取与应用视角［J］．税务研究，2014（1）：88 - 91.

［152］刘华，黄熠琳，尹开国．我国个人纳税遵从决策中的框架效应研究［J］．税务研究，2011（1）：89 - 92.

［153］刘蓉．习近平新时代中国特色社会主义思想的财税改革思考［J］．财经科学，2017（11）：16 - 17.

［154］刘畅．"可得性启发式"理论对个人所得税税收遵从的影响研究——基于问卷调查的分析［J］．税收经济研究，2017，22（4）：73 - 80.

［155］刘尚希，樊轶侠．税收与消费：从理论反思到政策优化［J］．税务研究，2013（5）：3 - 9.

［156］廖楚晖，魏贵和．个人所得税对我国城镇居民收入与消费的影响［J］．税务研究，2013（9）：59 - 61.

［157］毛捷，吕冰洋，马光荣．转移支付与政府扩张：基于"价格效应"的研究［J］．管理世界，2015（7）：29 - 41.

［158］马岩，姚轩鸽．国外纳税遵从研究的知识图谱与热点主题——基于国际SSCI的文献计量分析（1972 - 2015）［J］．国际税收，2017（5）：62 - 66.

［159］潘煜．中国传统价值观与顾客感知价值对中国消费者消费行

为的影响 [J]. 上海交通大学学报（哲学社会科学版），2009（3）：53 – 61.

[160] 庞金伟. 上市公司所得税负担及其股利分配效应研究 [J]. 经济问题，2012（12）：92 – 97.

[161] 任小军. 公共服务满意度、税制公平与纳税遵从——来自中国的证据 [J]. 经济与管理，2013，27（4）：5 – 12.

[162] 孙佳佳，霍学喜. 进口苹果消费行为及其影响因素——基于结构方程模型的实证分析 [J]. 中国农村经济，2013（3）：58 – 69.

[163] 孙群力. 财政分权对政府规模影响的实证研究 [J]. 财政研究，2008（7）：33 – 36.

[164] 孙群力，李永海. 我国地区财政幻觉指数测算及影响因素研究——基于 MIMIC 模型方法 [J]. 财政研究，2016（10）：36 – 48.

[165] 孙琳，汤蛟伶. 税制结构、"财政幻觉"和政府规模膨胀 [J]. 中央财经大学学报，2010（11）：1 – 4.

[166] 孙亦军，梁云凤. 我国个人所得税改革效果评析及对策建议 [J]. 中央财经大学学报，2013（1）：13 – 19.

[167] 苏月中，郭驰. 纳税遵从行为的实证研究 [J]. 税务研究，2007（6）：50 – 53.

[168] 童锦治，周竺竺. 基于启发式认知偏向的税收显著性研究评述 [J]. 厦门大学学报（哲学社会科学版），2011（3）：9 – 15.

[169] 唐蓉. 行政生态学视域下地方政府规模适度研究 [D]. 武汉大学，2011.

[170] 田锦尘. 关于深化财税金融体制改革的认识和体会 [J]. 宏观经济管理，2014（2）：8 – 13.

[171] 文雁兵. 政府规模的扩张偏向与福利效应：理论新假说与实证再检验 [J]. 中国工业经济，2014（5）：31 – 43.

[172] 文娟，沈映春. 财政幻觉假说的实证检验 [J]. 北京航空航

天大学学报（社会科学版），2008（1）：28 - 31.

[173] 王文剑. 中国的财政分权与地方政府规模及其结构：基于经验的假说与解释 [J]. 世界经济文汇，2010（5）：105 - 119.

[174] 王婷. 税收凸显对消费行为影响研究 [D]. 内蒙古财经大学，2016.

[175] 王军. 深化税制改革服务发展大局 [J]. 求是，2013（24）：28 - 30.

[176] 王婷. 个人所得税税收征管与遵从问题研究 [D]. 华中科技大学，2016.

[177] 王结玉. 基于中等收入群体培育的个人所得税改革建议 [J]. 税务研究，2014（3）：49 - 53.

[178] 魏娟，陈力朋，王婷. 我国居民的个人所得税内在认知：现状、差异与政策启示 [J]. 税收经济研究，2016（4）：37 - 43.

[179] 汪伟，艾春荣，曹晖. 税费改革对农村居民消费的影响 [J]. 管理世界，2013（1）：89 - 100.

[180] 汪冲，赵玉民. 社会规范与高收入个人纳税遵从 [J]. 财经研究，2013，39（12）：4 - 16.

[181] 武彦民，张远. 我国财税政策与居民消费的实证分析 [J]. 税务研究，2011（2）：24 - 29.

[182] 吴石磊. 中国文化产业发展对居民消费的影响研究 [D]. 东北师范大学，2014.

[183] 习近平. 关于《中共中央关于全面深化改革若干重大问题的决定》的说明 [J]. 求是，2013（22）：19 - 27.

[184] 徐诗举. 对西方财政幻觉假说的拓展 [J]. 财政研究，2009（1）：11 - 13.

[185] 徐全红. 我国税收政策对居民消费影响的实证分析 [J]. 财政研究，2013（2）：44 - 46.

[186] 徐建斌. 中国居民的再分配偏好及其影响机制研究 [D]. 华中科技大学, 2015.

[187] 徐建斌. 居民愿意为保护环境而纳税吗——税收支付意愿及其影响因素分析 [J]. 税收经济研究, 2016, 21 (1): 63 -69.

[188] 徐艳. 基于投资者信念异质的证券市场交易税效应研究 [D]. 湖南大学, 2013.

[189] 席卫群. 税收对居民消费影响的调查与分析 [J]. 税务研究, 2013 (5): 15 -19.

[190] 许光建, 李天建. 财税体制改革的方向和主要内容 [J]. 公共管理与政策评论, 2014, 3 (1): 79 -82.

[191] 谢芬芳. 构建结构优化和社会公平的现代税收制度 [J]. 民族论坛, 2014 (10): 76 -82.

[192] 肖捷. 加快建立现代财政制度 [N]. 人民日报, 2017 -12 -20 (007).

[193] 新的历史起点上全面深化改革的路线图——图解《中共中央关于全面深化改革若干重大问题的决定》[J]. 当代兵团, 2013 (22): 26 -29.

[194] 杨国政. 税收认知对税务管理实践的作用 [J]. 税务研究, 2001 (02): 61 -63.

[195] 岳希明, 徐静, 刘谦等. 2011 年个人所得税改革的收入再分配效应 [J]. 经济研究, 2012 (9): 113 -124.

[196] 余丽生, 余逸颖. "营改增"对我国税制的影响及对策建议 [J]. 经济研究参考, 2015 (68): 30 -35.

[197] 余莎, 耿曙, 孔晏. 如何有效征税: 来自纳税遵从实验的启发 [J]. 公共行政评论, 2015, 8 (3): 151 -175.

[198] 中共中央关于全面深化改革若干重大问题的决定 (2013 年11 月12 日中国共产党第十八届中央委员会第三次全体会议通过) [J].

求是，2013（22）：3 – 18.

[199] 种聪，王婷. 税收凸显影响因素分析 [J]. 内蒙古财经大学学报，2016（4）：16 – 22.

[200] 钟春平，李礼. 税收显著性、税收归宿及社会福利 [J]. 经济与管理评论，2016（4）：5 – 13.

[201] 周琦深，徐亚兰，罗洁，张晓婷. 国外税收研究的新领域：税收显著性研究述评及展望 [J]. 贵州大学学报（社会科学版），2014（4）：21 – 27.

[202] 周琦深，徐亚兰，罗洁. 税收显著性：国外税收研究新领域 [J]. 财会月刊，2014（20）：52 – 56.

[203] 周黎安，陶婧. 政府规模、市场化与地区腐败问题研究 [J]. 经济研究，2009（1）：57 – 69.

[204] 周潇枭. 立法先行分步推进按评估值征收 [N]. 21 世纪经济报道，2017 – 11 – 07（001）.

[205] 郑榕，高松，胡德伟. 烟草税与烟草控制——全球经验及在中国的应用 [J]. 财贸经济，2013（3）：44 – 53.

[206] 庄玉乙，张光. "利维坦"假说、财政分权与政府规模扩张：基于 1997—2009 年的省级面板数据分析 [J]. 公共行政评论，2012（4）：5 – 26.

[207] 朱铭来，李涛. 商业保险对居民刚性消费的影响——基于社会民生视角的实证研究 [J]. 保险研究，2017（1）：27 – 36.

[208] 张永杰，耿强. 省直管县体制变革、财政分权与县级政府规模：基于规模经济视角的县级面板数据分析 [J]. 中国软科学，2011（12）：66 – 75.

[209] 张克中，冯俊诚，鲁元平. 财政分权有利于贫困减少吗？——来自分税制改革后的省际证据 [J]. 数量经济技术经济研究，2010，27（12）：3 – 15.

[210] 张斌. 按照《决定》要求深化财税体制改革 [J]. 中国财政, 2013 (23): 13 – 15.

[211] 张磊. 我国公民纳税人税感问题研究 [J]. 中央财经大学学报, 2014 (5): 11 – 17.

附录　调查问卷

税收凸显性对居民行为影响调查问卷

尊敬的先生/女士：

您好！

感谢您参加本次问卷调查，这是一份关于研究"税收凸显性对居民行为影响"的学术问卷。为了获得准确的数据，请您根据实际情况，认真填写问卷。对问卷中问题的回答，没有对错之分，您只要根据平时的想法和实际情况回答即可。对于您填写的问卷，我们将按照《统计法》的规定，严格保密，并且只用于统计分析与学术研究，请您放心！

感谢您对本次调查的支持！祝您身体健康，工作顺利！

1. 您的性别？

（1）男（2）女

2. 您的年龄？

（1）18～24 岁（2）25～34 岁（3）35～44 岁（4）45～54 岁

（5）55～64 岁（6）65 岁以上

3. 您目前的婚姻状况？

（1）未婚（2）已婚

4. 您目前的政治面貌是？

（1）共产党员/民主党派/共青团员（2）群众

5. 您的户籍状况？

（1）农村户口（2）城镇户口

6. 您目前的最高受教育程度是（包括目前在读的)？

（1）小学 （2）初中 （3）高中/中专 （4）大专 （5）本科

（6）研究生

7. 您平均每月的收入情况，大约是多少？（单位：元）

（1）2000 以下　（2）2001～3500　（3）3501～5000

（4）5001～8000　（5）8001～12000　（6）12000 以上

8. 您家庭每年的总收入大约是多少？

（1）8 万元以下 （2）8 万～15 万元 （3）15 万～30 万元

（4）30 万～50 万元 （5）50 万元以上

9. 总的来说，您认为您的生活是否幸福？

（1）非常不幸福 （2）比较不幸福 （3）一般

（4）比较幸福 （5）非常幸福

10. 您了解自己的纳税情况（所纳税种、税额、纳税途径）吗？

（1）完全不了解 （2）比较不了解 （3）一般

（4）比较了解 （5）完全了解

11. 您了解当前我国的税收法律与政策吗？

（1）完全不了解 （2）比较不了解 （3）一般

（4）比较了解 （5）完全了解

12. 您认为当前我国对高收入者征税的情况？

（1）非常低 （2）比较低 （3）合适 （4）比较高 （5）非常高

13. 您认为我国政府的税收是否是"取之于民，用之于民"？

（1）完全不是 （2）可能不是 （3）不确定 （4）可能是

（5）完全是

14. 您知道下列哪些收入需要缴纳个人所得税？（多选）

（1）工资、薪金所得 （2）劳务报酬所得 （3）稿酬所得

（4）财产租赁所得 （5）财产转让所得 （6）利息、股息、红利

所得

（7）个体工商户的生产经营所得

（8）对企事业单位的承包经营、承租经营所得

（9）特许权使用费所得 （10）偶然所得

15. 请问当前我国个人所得税（工资、薪金所得）的免征额是多少？

（1）1600 元 （2）2000 元 （3）3500 元 （4）5000 元

16. 您是否了解当前我国个人所得税的税率？

（1）完全不了解 （2）比较不了解 （3）一般 （4）比较了解

（5）完全了解

17. 您是否了解当前我国个人所得税的计算方法？

（1）完全不了解 （2）比较不了解 （3）一般 （4）比较了解

（5）完全了解

18. 您是否愿意缴纳个人所得税？

（1）完全不愿意 （2）不太愿意 （3）不确定 （4）比较愿意

（5）完全愿意

19. 您是否依法主动申报或缴纳个人所得税？

（1）从不 （2）很少 （3）有时 （4）经常 （5）总是

20. 您认为当前我国个人所得税制度是否过于复杂？

（1）非常不复杂 （2）比较不复杂 （3）一般 （4）比较复杂

（5）非常复杂

21. 您是否了解当前我国消费税的税率？

（1）完全不了解 （2）比较不了解 （3）一般 （4）比较了解

（5）完全了解

22. 您是否了解当前我国消费税的计算方法？

（1）完全不了解 （2）比较不了解 （3）一般 （4）比较了解

（5）完全了解

卷烟消费实验问卷（控制组）

尊敬的先生/女士：

您好！

感谢您参加本次问卷调查，这是一份关于研究"税收凸显性对居民行为影响"的学术问卷。为了获得准确的数据，请您根据实际情况，认真填写问卷。对问卷中问题的回答，没有对错之分，您只要根据平时的想法和实际情况回答即可。对于您填写的问卷，我们将按照《统计法》的规定，严格保密，并且只用于统计分析与学术研究，请您放心！

感谢您对本次调查的支持！祝您身体健康，工作顺利！

1. 请问您平时是否抽烟？

（1）是

（2）否（请跳至第3题）

2. 2015年5月，国家税务总局再次提高了卷烟消费税的税率。请问您是否会减少对卷烟的购买和消费？

（1）完全不会　（2）可能不会　（3）不确定　（4）可能会

（5）完全会

3. 您的性别？

（1）男　（2）女

4. 您的年龄？

（1）18～24岁　（2）25～34岁　（3）35～44岁　（4）45～54岁

（5）55～64岁　（6）65岁以上

5. 您目前的婚姻状况？

（1）未婚　（2）已婚

6. 您目前的最高受教育程度是（包括目前在读的）？

（1）小学　（2）初中　（3）高中/中专　（4）大专　（5）本科

（6）研究生

7. 您目前的平均月收入（含工资以外的其他收入）大约是多少元？

（1）2000 以下　（2）2001~3500　（3）3501~5000　（4）5001~8000

（5）8001~12000　（6）12000 以上

8. 您觉得您目前的身体健康状况怎样？

（1）很不健康　（2）比较不健康　（3）一般　（4）比较健康

（5）很健康

9. 您在目前的工作中是否担任了行政或管理职务？

（1）是　（2）否

10. 您了解自己的纳税情况（所纳税种、税额、纳税途径等）吗？

（1）完全不了解　（2）比较不了解　（3）一般　（4）比较了解

（5）完全了解

11. 您觉得当前您所承受的税收负担重吗？

（1）非常轻　（2）比较轻　（3）一般　（4）比较重　（5）非常重

12. 您认为当前穷人和富人之间的税收负担是否公平？

（1）非常不公平　（2）比较不公平　（3）一般　（4）比较公平

（5）非常公平

13. 您对政府"简政放权"（如取消下放行政审批事项等）的态度？

（1）完全不赞同　（2）比较不赞同　（3）无所谓　（4）比较赞同

（5）完全赞同

14. 您对政府精简行政机构与公务员数量的态度是？

（1）完全不赞同　（2）比较不赞同　（3）无所谓　（4）比较赞同

（5）完全赞同

15. 您对政府削减"三公经费"，减少"行政经费"开支的态度是？

（1）完全不赞同　（2）比较不赞同　（3）无所谓　（4）比较赞同

（5）完全赞同

卷烟消费实验问卷（实验组）

尊敬的先生/女士：

您好！

感谢您参加本次问卷调查，这是一份关于研究"税收凸显性对居民行为影响"的学术问卷。为了获得准确的数据，请您根据实际情况，认真填写问卷。对问卷中问题的回答，没有对错之分，您只要根据平时的想法和实际情况回答即可。对于您填写的问卷，我们将按照《统计法》的规定，严格保密，并且只用于统计分析与学术研究，请您放心！

感谢您对本次调查的支持！祝您身体健康，工作顺利！

1. 请问您平时是否抽烟？［单选题］［必答题］

（1）是

（2）否（请跳至第 3 题）

2. 2015 年 5 月，国家税务总局再次提高卷烟消费税率，甲类卷烟（每包 ≥ 10 元）的消费税率达到 67%，乙类卷烟（每包 ≤ 10 元）的消费税率达到 47%。请问您是否会减少对卷烟的购买和消费？

（1）完全不会 （2）可能不会 （3）不确定 （4）可能会

（5）完全会

3. 您的性别？

（1）男 （2）女

4. 您的年龄？

（1）18 ~ 24 岁 （2）25 ~ 34 岁 （3）35 ~ 44 岁 （4）45 ~ 54 岁

（5）55 ~ 64 岁 （6）65 岁以上

5. 您目前的婚姻状况？

（1）未婚 （2）已婚

6. 您目前的最高受教育程度是（包括目前在读的）？

（1）小学（2）初中（3）高中/中专（4）大专（5）本科（6）研究生

7. 您目前的平均月收入（含工资以外的其他收入）大约是多少元？

（1）2000 以下（2）2001～3500（3）3501～5000（4）5001～8000

（5）8001～12000（6）12000 以上

8. 您觉得您目前的身体健康状况怎样？

（1）很不健康（2）比较不健康（3）一般（4）比较健康

（5）很健康

9. 您在目前的工作中是否担任了行政或管理职务？

（1）是（2）否

10. 您了解自己的纳税情况（所纳税种、税额、纳税途径等）吗？

（1）完全不了解（2）比较不了解（3）一般（4）比较了解

（5）完全了解

11. 您觉得当前您所承受的税收负担重吗？

（1）非常轻（2）比较轻（3）一般（4）比较重（5）非常重

12. 您认为当前穷人和富人之间的税收负担是否公平？

（1）非常不公平（2）比较不公平（3）一般（4）比较公平

（5）非常公平

13. 您对政府"简政放权"（如取消下放行政审批事项等）的态度？

（1）完全不赞同（2）比较不赞同（3）无所谓（4）比较赞同

（5）完全赞同

14. 您对政府精简行政机构与公务员数量的态度是？

（1）完全不赞同（2）比较不赞同（3）无所谓（4）比较赞同

（5）完全赞同

15. 您对政府削减"三公经费"，减少"行政经费"开支的态度是？

（1）完全不赞同（2）比较不赞同（3）无所谓（4）比较赞同

（5）完全赞同

白酒消费实验问卷（控制组）

尊敬的先生/女士：

您好！

感谢您参加本次问卷调查，这是一份关于研究"税收凸显性对居民行为影响"的学术问卷。为了获得准确的数据，请您根据实际情况，认真填写问卷。对问卷中问题的回答，没有对错之分，您只要根据平时的想法和实际情况回答即可。对于您填写的问卷，我们将按照《统计法》的规定，严格保密，并且只用于统计分析与学术研究，请您放心！

感谢您对本次调查的支持！祝您身体健康，工作顺利！

1. 您平时是否喝白酒？

（1）是

（2）否（请跳至第 3 题）

2. 考虑到税收因素，请问您是否会减少对白酒的消费？

（1）完全不会 （2）可能不会 （3）不确定 （4）可能会

（5）完全会

3. 您的性别？

（1）男 （2）女

4. 您的年龄？

（1）18 ~ 24 岁 （2）25 ~ 34 岁 （3）35 ~ 44 岁 （4）45 ~ 54 岁

（5）55 ~ 64 岁 （6）65 岁以上

5. 您目前的婚姻状况？

（1）未婚 （2）已婚

6. 您目前的最高受教育程度是（包括目前在读的）？

（1）小学 （2）初中 （3）高中/中专 （4）大专 （5）本科

（6）研究生

7. 您目前的平均月收入（含工资以外的其他收入）大约是多少元？

（1）2000 以下 （2）2001～3500 （3）3501～5000 （4）5001～8000

（5）8001～12000 （6）12000 以上

8. 您觉得您目前的身体健康状况怎样？

（1）很不健康 （2）比较不健康 （3）一般 （4）比较健康

（5）很健康

9. 您在目前的工作中是否担任了行政或管理职务？

（1）是 （2）否

10. 您了解自己的纳税情况（所纳税种、税额、纳税途径等）吗？

（1）完全不了解 （2）比较不了解 （3）一般 （4）比较了解

（5）完全了解

11. 您觉得当前您所承受的税收负担重吗？

（1）非常轻 （2）比较轻 （3）一般 （4）比较重 （5）非常重

12. 您认为当前穷人和富人之间的税收负担是否公平？

（1）非常不公平 （2）比较不公平 （3）一般 （4）比较公平

（5）非常公平

13. 您对政府"简政放权"（如取消下放行政审批事项等）的态度？

（1）完全不赞同 （2）比较不赞同 （3）无所谓 （4）比较赞同

（5）完全赞同

14. 您对政府精简行政机构与公务员数量的态度是？

（1）完全不赞同 （2）比较不赞同 （3）无所谓 （4）比较赞同

（5）完全赞同

15. 您对政府削减"三公经费"，减少"行政经费"开支的态度是？

（1）完全不赞同 （2）比较不赞同 （3）无所谓 （4）比较赞同

（5）完全赞同

白酒消费实验问卷（实验组）

尊敬的先生/女士：

您好！

感谢您参加本次问卷调查，这是一份关于研究"税收凸显性对居民行为影响"的学术问卷。为了获得准确的数据，请您根据实际情况，认真填写问卷。对问卷中问题的回答，没有对错之分，您只要根据平时的想法和实际情况回答即可。对于您填写的问卷，我们将按照《统计法》的规定，严格保密，并且只用于统计分析与学术研究，请您放心！

感谢您对本次调查的支持！祝您身体健康，工作顺利！

1. 您平时是否喝白酒？

（1）是

（2）否（请跳至第 3 题）

2. 如果您知道白酒消费税的税率是 20%，并且由消费者承担（其包含在白酒的价格中），请问您是否会减少对白酒的消费？

（1）完全不会 （2）可能不会 （3）不确定 （4）可能会

（5）完全会

3. 您的性别？

（1）男 （2）女

4. 您的年龄？

（1）18～24 岁 （2）25～34 岁 （3）35～44 岁 （4）45～54 岁

（5）55～64 岁 （6）65 岁以上

5. 您目前的婚姻状况？

（1）未婚 （2）已婚

6. 您目前的最高受教育程度是（包括目前在读的）？

（1）小学 （2）初中 （3）高中/中专 （4）大专 （5）本科

（6）研究生

7. 您目前的平均月收入（含工资以外的其他收入）大约是多少元？

（1）2000 以下 （2）2001～3500 （3）3501～5000 （4）5001～8000

（5）8001～12000 （6）12000 以上

8. 您觉得您目前的身体健康状况怎样？

（1）很不健康 （2）比较不健康 （3）一般 （4）比较健康

（5）很健康

9. 您在目前的工作中是否担任了行政或管理职务？

（1）是 （2）否

10. 您了解自己的纳税情况（所纳税种、税额、纳税途径等）吗？

（1）完全不了解 （2）比较不了解 （3）一般 （4）比较了解

（5）完全了解

11. 您觉得当前您所承受的税收负担重吗？

（1）非常轻 （2）比较轻 （3）一般 （4）比较重 （5）非常重

12. 您认为当前穷人和富人之间的税收负担是否公平？

（1）非常不公平 （2）比较不公平 （3）一般 （4）比较公平

（5）非常公平

13. 您对政府"简政放权"（如取消下放行政审批事项等）的态度？

（1）完全不赞同 （2）比较不赞同 （3）无所谓 （4）比较赞同

（5）完全赞同

14. 您对政府精简行政机构与公务员数量的态度是？

（1）完全不赞同 （2）比较不赞同 （3）无所谓 （4）比较赞同

（5）完全赞同

15. 您对政府削减"三公经费"，减少"行政经费"开支的态度是？

（1）完全不赞同 （2）比较不赞同 （3）无所谓 （4）比较赞同

（5）完全赞同

后　记

　　光阴荏苒，时光飞逝，蓦然回首，我已经从一名稚嫩的学生变成一名高校教师。自2013年9月进入华中科技大学攻读研究生，我的学术科研生涯便正式开始，回首过去五年的学习与科研生活，虽然一路走来倍感艰辛，历经各种坎坷，但是收获和成长也很多，并且感到非常的充实。现在将博士学位论文进行整理并作为学术专著出版，是对学生时代科研成果的总结。此时此刻，虽然心中感慨很多，但更多的是感恩和感动。

　　首先，我要特别感谢我的恩师刘华教授。2012年9月，当我选择了保研，但又感到迷茫和彷徨，不知何去何从的时候，我的恩师刘华教授选择了我，并给了我"硕博连读"的机会。自此之后，我逐渐走上了财政学和税收学的学术研究之路。进入华中科技大学以来，无论是在学习生活还是在学术科研方面，刘老师都给予了我很多无私的帮助和指导。在刘老师的指导下，博士论文的研究主题选择了"税收凸显性、税收感知度对居民行为偏好的影响"。在博士学位论文写作的过程中，从选题到具体内容，刘老师都给予了了耐心的指导并提出了诸多宝贵的修改意见。因此，没有刘老师无私的指导和帮助，学术论文的发表与博士论文的完成可能都不会那么顺利。此外，也正是刘老师这几年对我的严格要求和耐心指导，才使得我基本具备了独立的科研能力和写作能力。因此，对刘老师这几年无私的付出与培养之恩，我再次表示诚挚的感谢。

　　其次，在漫长的求学生涯和论文写作的过程中，我也得到了许多老师、专家学者的帮助、指导、鼓励与支持。感谢华中科技大学管理学院的张克中教授、陈平路教授、王林教授、郑长军副教授、刘芳副教授，感谢武汉大学的卢洪友教授和卢盛峰副教授，感谢华中师范大学的常健教授、胡伟教授、程亚萍副教授、肖登辉副教授、谌仁俊博士，感谢中南财经政法大学的鲁元平副教授和田彬彬副教授，感谢江西财经大学的席卫群教授和万莹教授，感谢兰州财经大学的李永海副教授，感谢郑州大学商学院金融系同事们一直以来对我的关心和帮助。此外，要特别感谢中国农业银行潜江市支行的郑大勇行长与江西省政府金融办公室的贺敏博士在数据采集过程中给予的帮助和支持。

再次，感谢一直默默无闻付出和支持我的父母与亲人。自从 2009年 9 月踏上南下武汉的火车到华中师范大学求学，再到 2013 年 9 月进入华中科技大学继续深造，父母及哥哥、弟弟一直都在默默无闻的付出并给予我全力的支持。感谢女朋友李丹一直以来对我的信任、宽容、理解和支持，因为有她的陪伴和照顾，我对生活充满了更多美好的期待和向往。此外，还要感谢在漫长求学生涯中一直陪伴、鼓励和支持我的同学和朋友，每当我遇到困难和心情低落时，正是他们的鼓励和支持让我重新找回自信，并看到生活的美好希望。感谢一直给予我鼓励和支持的挚友，感谢同门以及其他给予我帮助的师兄师姐与师弟师妹，感谢华中师范大学 2009 级法学—经济学交叉培养试验班、华中科技大学 2013 级企业管理与 2014 级工商管理的同班同学。

最后，还要感谢国家自然科学基金委员会与郑州大学商学院的资助。本书是国家自然科学基金面上项目（71473093）的研究成果，也是国家自然科学基金青年项目（71903182）的前期研究成果，在研究期间得到了国家自然科学基金委的资助。此外，本书的出版还得到了郑州大学商学院与郑州大学尤努斯社会企业中心的经费资助。

陈力朋
2019 年 5 月